I0022877

Bienvenidos a la Comunidad Autista

Autistic Self Advocacy Network

The Autistic Press
WASHINGTON, D.C.

Copyright © 2023 Autistic Self Advocacy Network

Todos los derechos reservados. Este libro o cualquier parte del mismo no pueden ser reproducidos o utilizados de ninguna manera sin el permiso expreso por escrito del editor.

Ilustración de portada: Lar Berry

First Printing, 2020
ISBN-13: 978-1-938800-12-2
Library of Congress Control Number: 2023904767
The Autistic Press
Washington, DC

Agradecimientos

Estamos orgullosos de habernos asociado con Mi Cerebro Atípico, un colectivo por y para autistas hispanohablantes, para desarrollar esta traducción oficial al español de nuestro libro «Welcome to the Autistic Community». Mi Cerebro Atípico hizo la primera traducción del libro y, en marzo de 2022, celebramos una cumbre de traducción al español, en la que los hablantes nativos de español tuvieron la oportunidad paga de revisar la traducción para que fuera lo más accesible, precisa y culturalmente responsable posible. Estamos muy agradecidos con todos los traductores y participantes de la cumbre que hicieron posible este libro:

Mi Cerebro Atípico

César Daniel Altamirano-Sangabriel

Georgina Heredia

Víctor Prieto Arana

Julia Feliz

Bárbara Herrán Salcedo

Mónica Vidal Gutiérrez

Ignacio Carbajal Sayan

Contenido

Para Comenzar

Las personas autistas son diferentes a las personas no-autistas de muchas maneras. ¡Y eso está muy bien!

Este libro te ayudará a entender el autismo. Leer este libro te ayudará a comprender lo que significa ser autista y a responder muchas de las preguntas que puedas tener sobre el autismo. Además, te enseñará cómo hacer más fácil la vida de las personas autistas.

Este primer capítulo habla sobre cómo funciona este libro. Éstos son los temas del capítulo:

- ¿Qué Es este Libro?

- ¿Para Quién Es este Libro?

- ¿Cómo Hablamos del autismo en este Libro?

- ¿Cómo Leer este Libro?

- ¿Qué Hay en Cada Capítulo?

Puedes encontrar más recursos vinculados a este libro en **autismacceptance.com**.

¿Para Quién Es este Libro?

Cualquiera puede leer este libro, pero el libro está hecho sobre todo para las personas autistas, y nos referimos a *todas* las personas autistas.

Hay algunos autistas que tenemos un **diagnóstico**. Tener un diagnóstico significa que un doctor nos ha dicho que somos autistas y lo pone en un documento. Hay algunos autistas que tenemos un **autodiagnóstico**, que es cuando nosotros mismos nos hemos dado cuenta de que somos autistas. Hay algunos autistas que no están seguros de ser autistas, y no hay ningún problema con eso. Muchas personas autistas no están seguras al principio, y este libro puede ayudarles a descubrirlo.

Las personas que no son autistas también deberían leer este libro, porque eso las ayudará a convertirse en mejores **aliados**. Los aliados son las personas no-autistas que quieren ayudar a los autistas.

Hay muchos tipos de personas que pueden ser aliados: amigos, familiares y personas que trabajan con autistas. Cualquier persona que quiera ayudar a los autistas puede ser un aliado.

Sería muy bueno que los aliados leyeran este libro, y además hay un capítulo en este libro escrito especialmente para los aliados. Habla sobre cómo los aliados pueden ayudar a los autistas. Aun si no eres autista, puedes aprender mucho de este libro.

Hay muchas personas que no saben que son autistas. Algunos aliados podrían en realidad ser autistas y no saberlo, y quizá tú podrías ser uno de ellos. Este libro puede ayudarte a descubrirlo.

¿Cómo Hablamos del Autismo en este Libro?

¿Cómo Hablamos de las personas autistas en este libro?

Este libro utiliza ciertas palabras específicas para hablar de las personas autistas, y las usa por muy buenos motivos. Utilizamos palabras que respetan a las personas autistas, y palabras que los autistas elegimos para hablar de nosotros mismos. Algunas personas usan palabras que hacen ver al autismo cómo algo malo. Nosotros usamos palabras para mostrar el autismo cómo realmente es.

El Lenguaje de Persona-Primero y el Lenguaje de Identidad-Primero

Hay dos formas cómo las personas hablan de la discapacidad:

Lenguaje de Identidad-Primero significa que pones la palabra "persona" y la discapacidad juntas, sin la palabra "con". O cuando dices la discapacidad cómo un adjetivo sin poner la palabra persona.

"Personas autistas" y "autistas" son ejemplos de lenguaje de identidad-primero. "Personas discapacitadas" o solo discapacitados, "Personas Sordas" o solo "Sordas" son otros ejemplos de lenguaje de identidad-primero.

Lenguaje de Persona-Primero es cuando primero pones la palabra "persona" y luego la discapacidad, separadas por la palabra "con".

"Persona con autismo" es un ejemplo de lenguaje de "persona-primero". "Personas con discapacidad" o "personas con discapacidad intelectual" son otros ejemplos de lenguaje de persona-primero.

Cada persona tiene derecho a elegir las palabras con las que quiere identificarse. Muchas personas con discapacidad intelectual prefieren usar el Lenguaje de Persona-Primero, y han usado ese lenguaje desde hace mucho tiempo. Para ellos es importante que los demás sepan que son personas, y que su discapacidad es solo una parte de ellos.

Muchas personas Sordas y Autistas prefieren el Lenguaje de Identidad-Primero, porque sienten que su discapacidad es una parte importante de su identidad, y quieren que otros sepan que su discapacidad es importante para ellos.

Este libro usa el Lenguaje de Identidad-Primero para hablar del autismo. Este libro llama a las personas autistas "personas autistas" o solo Autistas, y no "personas con autismo".

Las palabras que usamos pueden no parecer importantes, pero sí lo son, y son muy importantes. Las palabras que usamos pueden cambiar nuestra manera de pensar.

El Lenguaje de Persona-Primero se usa para lastimar a las personas autistas. Se usa para decir que el autismo solo es una pequeña parte de nosotros que no tiene importancia, y que no nos define. ¡Pero el autismo es una parte muy importante de nuestras vidas y de lo que somos!

Aunque no todas las personas Autistas usan el Lenguaje de Identidad-Primero, muchos sí lo usamos. Cada persona usa distintas palabras por distintos motivos. ¡Tú puedes usar las palabras que quieras para hablar de tu discapacidad!

Etiquetas de Funcionamiento y Necesidades de Apoyo

Este libro no usa "**Etiquetas de Funcionamiento**". Las Etiquetas de Funcionamiento son términos que tratan de mostrar distintos "tipos" de autismo, como:

- "Alto funcionamiento"
- "Bajo funcionamiento"
- "Autismo leve"
- "Autismo moderado"
- "Autismo severo"
- "Autismo clásico"
- "Síndrome de Asperger"

Las Etiquetas de Funcionamiento no sirven para que las personas autistas obtengamos las ayudas que realmente necesitamos, porque no dicen nada sobre qué ayudas necesitamos y cómo las necesitamos en situaciones distintas.

Las Etiquetas de Funcionamiento son dañinas para nosotros. Algunas personas las usan para decir que no aprovecharemos los apoyos porque somos de "bajo funcionamiento", o que no necesitamos apoyos porque somos de "alto funcionamiento".

En vez de eso, este libro usa el concepto "**Necesidades de Apoyo**". Las necesidades de apoyo son esas cosas con las que necesitamos ayuda las personas autistas.

Cada autista necesita apoyos distintos. Algunos necesitamos más apoyos, y otros necesitamos menos. Algunas personas pueden tener mayores necesidades de apoyo en ciertos momentos y menos necesidades de apoyo en otros momentos.

La frase "necesidades de apoyo" quiere decir que necesitamos ayuda, sin que se nos juzgue por necesitarla.

Este libro sí habla sobre grupos de autistas, cómo las personas autistas no-hablantes o las personas autistas con discapacidades intelectuales. Estos términos son más reales que las Etiquetas de Funcionamiento y además son más respetuosos.

¿Cómo Leer este Libro?

Aquí hay algunos consejos para leer este libro:

Los nombres de los capítulos se escriben con una letra más grande, en negrita, y comienzan con el número del capítulo.

Por ejemplo, el primer capítulo se llama "Capítulo Uno: Para Comenzar".

Los capítulos están separados en secciones para hacer más fácil la lectura.

Por ejemplo, en este momento estamos en la sección llamada "¿Cómo Leer este Libro?". El título de cada sección está separado, con letras más grandes, en negritas y en el centro de la hoja.

Hay una lista de otras cosas para leer al final de cada capítulo.

Estas lecturas adicionales te pueden ayudar a aprender más sobre el tema que tratamos en cada capítulo.

Ten en cuenta las palabras que debes saber.

Este libro contiene muchas palabras y términos que quizá no hayas escuchado antes. Las palabras que debes saber estarán escritas en **negritas** y te diremos su significado la primera vez que la usemos. Además, al final del libro hay una sección de "Palabras que debes saber", así que, si te olvidas del significado de una palabra o término, puedes fijarte en esa sección para recordarlo.

¿Qué Hay en Cada Capítulo?

Capítulo Uno: Para Comenzar

¡Es donde estamos ahora! El capítulo uno es sobre este libro, a quién va dirigido y cómo usar el libro.

Capítulo Dos: Todo Sobre el Autismo

El capítulo dos habla más sobre lo que significa el autismo. Trata sobre las experiencias y necesidades que tienen las personas autistas.

Capítulo Tres: ¿Quiénes Pueden Ser Autistas?

El capítulo tres habla de quiénes pueden ser autistas. Las personas autistas pueden tener otras discapacidades además del autismo, y este capítulo también habla de esas discapacidades.

Capítulo Cuatro: Datos Reales del Autismo

El capítulo cuatro responde a algunas preguntas sobre el autismo. Habla sobre datos del autismo, y también aclara algunas ideas falsas que mucha gente tiene sobre el autismo.

Capítulo Cinco: Autismo y Discapacidad

El capítulo cinco habla sobre el significado de las palabras "discapacidad" y "neurodiversidad", y explica por qué la discapacidad y la neurodiversidad son temas importantes.

Capítulo Seis: La Autodefensa y el Movimiento de Autodefensa

El capítulo seis habla sobre la autodefensa. Trata de lo que significa la autodefensa y quiénes pueden ser autodefensores. También trata sobre el movimiento de autodefensa, y te dará consejos sobre cómo ser un autodefensor.

Capítulo Siete: Conoce tus Derechos

El capítulo siete habla de los derechos de las personas discapacitadas en los Estados Unidos. Explica los derechos de las personas autistas y discapacitadas.

Capítulo Ocho: Encontrar y Crear Comunidad Autista

El capítulo ocho habla de la Comunidad Autista. Trata sobre qué son las comunidades autistas y dónde podrías encontrarlas. También trata sobre quiénes están quedando fuera de la Comunidad Autista y te da consejos para asegurarte de que nadie quede fuera.

Capítulo Nueve: Ser un Aliado

El capítulo nueve habla de los aliados. Te dará algunos consejos sobre cómo ayudar a las personas autistas. ¡Incluso las personas autistas pueden encontrar útil este capítulo, porque te permitirá ayudar a otros autistas!

Recursos del Capítulo Uno

También puedes encontrar los enlaces de estos textos en autismacceptance.com/book/chapter-1-resources

- El Lenguaje de Persona-Primero y el capacitismo – por Amy Sequenzia
- El problema con las Etiquetas de Funcionamiento – por Finn Gardiner

CAPÍTULO DOS

Todo Sobre el Autismo

Este capítulo hablará más sobre lo que significa el autismo. Tus sentimientos sobre el autismo dependen de ti, pero esperamos que este libro te haga sentir mejor sobre el autismo.

Aquí encontrarás algunas cosas importantes sobre el autismo. Trataremos cada una de esas cosas de forma mejor explicada a lo largo del capítulo.

¿Qué Es el Autismo?

El **autismo** es una discapacidad del desarrollo que influye en nuestras vidas de muchas formas.

Influye en nuestra manera de pensar, de entender el mundo, de movernos, de comunicarnos y de socializar.

El autismo nos hace diferentes a las demás personas no-autistas. ¡Y eso está muy bien! porque el autismo es una parte natural de la vida y nos hace ser quienes somos.

¿Qué Es una Discapacidad del Desarrollo? ¿Algo Está Mal En Mi?

El autismo es una **discapacidad del desarrollo**. Una discapacidad del desarrollo es un tipo de discapacidad que se puede ver desde la infancia.

El síndrome de Down y la parálisis cerebral son otros ejemplos de discapacidades del desarrollo.

La mayoría de las discapacidades del desarrollo están presentes desde que la persona nace. Las personas autistas nacen autistas, y serán autistas por el resto de sus vidas. Una persona autista nunca dejará de ser autista.

Es difícil notar si una persona es autista a temprana edad, porque la mayoría de los bebés se ven y se comportan de la misma manera. Pero, aunque los bebés autistas no se vean autistas, eso no quiere decir que no sean autistas. ¡Lo que pasa es que aún no lo puedes distinguir!

La mayor parte de lo que sabemos del autismo lo hemos aprendido estudiando a los niños y niñas.

Los adultos autistas no se ven ni se comportan cómo los niños autistas. Podemos aprender a vernos "menos autistas", o a esconder parte de lo que somos. Aprendemos a actuar cómo las personas no-autistas a nuestro alrededor.

Eso confunde a muchas personas, les hace creer que el autismo puede "desaparecer" cuando un niño autista crece. Pero seremos autistas toda nuestra vida.

Las discapacidades del desarrollo son algo normal, y son una parte importante del mundo. El autismo es una parte normal de la vida, no es una enfermedad ni un "trastorno". No hay nada malo con ser autista. ¡Es solo una forma de ser!

El autismo influye en nuestra forma de vivir nuestras vidas. A veces puede hacer las cosas más difíciles, pero también hay cosas positivas de ser autista. No seríamos las personas que somos si no fuéramos autistas. Está bienes sentirnos orgullosos de las personas que somos.

Cómo Funciona el Autismo

Puede que hayas oído a algunas personas decir que el autismo es un "espectro". Eso quiere decir que cada persona autista es distinta. A todos nos gustan o disgustan distintas cosas, y necesitamos diferentes tipos de apoyos.

Algunas personas autistas pueden necesitar muchos apoyos con una cosa, mientras que otras personas autistas no necesitan ningún apoyo con esa misma cosa.

Una persona puede verse "menos autista" que otra, pero ser "más" o "menos" autista es algo que no existe. Todos somos autistas.

Por ejemplo:

Renee es autista. Es no-hablante y usa un iPad para comunicarse. Renee vive por su cuenta. Puede cocinar y limpiar su casa sin apoyos, pero necesita ayuda cuando hace las compras.

Percy es autista y puede hablar. Percy vive con un proveedor de apoyos. No puede cocinar, ni limpiar su casa sin apoyos, pero sí puede hacer las compras sin apoyos.

Percy no es "más autista" que Renee, ni Renee es "más autista" que Percy. Simplemente ambos son autistas.

Diferencias En la Forma de Pensar

Las personas autistas tienen una forma de pensar diferente a la de las personas no-autistas.

Imagínate que te estás lavando los dientes. Tu cerebro piensa en muchas cosas cuando te estás lavando los dientes.

Piensas en cómo sostener el cepillo de dientes, en cómo ponerlo en tu boca, en cuánto tiempo te cepillarás los dientes. El autismo puede influir en tu forma de pensar en esos detalles.

Intereses Especiales

Muchas personas autistas suelen tener un interés muy fuerte hacia ciertas cosas. Los llamamos **intereses especiales.**

Por ejemplo, algunas personas autistas tienen un interés especial en los trenes. Piensan mucho en trenes, y saben más de trenes que otras personas. Les gusta pasar la mayor parte del tiempo pensando en trenes.

Existen toda clase de intereses especiales. Puede ser algo general, cómo la ciencia, o puede ser algo más específico, cómo un grupo musical favorito.

A veces los intereses especiales solo duran un tiempo. Puede que tengas un interés especial durante una semana. Otras veces, pueden durar por algunos meses o años. Algunos intereses especiales nos acompañan toda nuestra vida.

Puede haber momentos en los que no tengas ningún interés especial, y otros en losque tengas muchos intereses especiales a la vez. Todo eso es normal.

¡Los intereses especiales son positivos porque nos hacen felices! Podemos usar nuestros intereses especiales para ayudar a las personas, además pueden resultar útiles en nuestros empleos. Los intereses especiales son muy importantes para la mayoría de las personas autistas.

Funciones Ejecutivas

Las **funciones ejecutivas** son el conjunto de habilidades que se necesitan para alcanzar nuestras metas.

Alcanzar nuestras metas incluye pequeñas tareas como:

○ Seguir un plan
○ Empezar a hacer algo nuevo
○ Detener lo que estás haciendo
○ Recordar qué hacer después
○ Pasar a la siguiente cosa

Por ejemplo:

> Emily trabaja atendiendo mesas en un restaurante, y se encarga de varias cosas. Primero, tiene que ayudar a ordenar y poner las mesas. Luego, cuando los clientes llegan al restaurante debe ayudarlos a pedir su comida. Cuando los clientes terminan de comer, Emily debe limpiar las mesas.
>
> Emily usa mucho sus funciones ejecutivas. Hay muchas tareas para las que necesita: comenzar una nueva tarea, detenerse cuando la ha terminado, planear, y recordar lo que debe hacer después.

Las personas autistas podemos tener muchas dificultades con las funciones ejecutivas. Puede ser difícil planear lo que vas a hacer, comenzar con algo nuevo, o detener lo que ya estás haciendo. Puede ser difícil recordar lo que ibas a hacer luego.

Los problemas con las funciones ejecutivas pueden sentirse cómo si tuvieras pereza, pero estos problemas no tienen nada que ver con la pereza. No eres perezoso. Las personas con problemas de funciones ejecutivas sí queremos hacer cosas, pero a veces no podemos hacerlas sin ayuda.

Tener problemas con las funciones ejecutivas puede sentirse cómo cabalgar un caballo terco. ¡No importa lo que quieras hacer, el caballo te ignora!

Quieres que el caballo corra de frente, pero se mantiene quieto; quieres que el caballo se detenga, pero sigue corriendo; quieres que el caballo cambie de dirección, pero sigue yendo de frente.

En este ejemplo, el caballo es tu mente y tu cuerpo. Puede que realmente quieras hacer algo, pero simplemente sientes que no puedes.

Las funciones ejecutivas son difíciles para nosotros. Podemos necesitar ayuda extra ¡y está bien! No tiene nada de malo necesitar ayuda.

Meltdowns y shutdowns

Un **meltdown** es cuando una persona autista no puede controlar sus sentimientos, porque está muy estresada. Las personas que sufren meltdowns pueden gritar o llorar, salir corriendo, o perder el control de su cuerpo.

Los shutdowns también son algo que ocurre cuando la persona sufre mucho estrés. Un **shutdown** es cuando una persona autista se estresa demasiado y no puede hacer muchas cosas que en otros momentos sí podría. Puede suceder que no podamos hablar o movernos.

A las personas autistas nos asustan los meltdowns y shutdowns, y las personas que nos ven pasar por ellos también pueden asustarse.

Sin embargo, los meltdowns y shutdowns no son algo que hagamos a propósito, y no son rabietas. Las personas autistas no podemos controlar cuando vamos a pasar por un meltdown o un shutdown. No es algo que hagamos de forma voluntaria.

Otras Diferencias en la forma de Pensar

Los autistas piensan de manera distinta en muchas formas. Aquí hay algunas:

Los autistas pueden notar pequeños detalles que otras personas no notan. Podemos ver pequeños errores que otras personas no ven, cómo una letra equivocada en un texto.

Podemos prestarle mucha atención a cosas que otras personas no consideran importantes. Podemos tener muy buena memoria para los datos, por ejemplo, datos de nuestros intereses especiales.

A muchas personas autistas nos gusta la rutina. Puede que nos guste hacer las mismas cosas todos los días, o comer la misma comida todos los días. Las rutinas nos ayudan a saber qué va a ocurrir cada día.

Los cambios pueden asustarnos, porque estamos más calmados cuando las cosas se repiten en una rutina. Saber lo que sucederá nos ayuda a darle sentido y propósito a nuestra vida.

Las personas autistas a veces piensan en blanco y negro. Por ejemplo: las cosas están bien o están mal, una persona nos agrada o nos desagrada, tenemos la capacidad de hacer algo o simplemente no podemos.

A veces podemos encontrar el punto medio, pero es difícil. Pensar en blanco y negro no tiene que ser algo malo. Por ejemplo, podemos distinguir cuando algo es correcto o incorrecto, y ayudar a las personas a hacer lo correcto.

Las personas autistas aprenden de manera diferente.

Puede que aprendamos las cosas en un orden distinto, por ejemplo: lo "difícil" antes que lo "fácil".

Podemos ser muy buenos para una cosa y malos para otra.

Puede que no entendamos algo, y luego, algunas semanas después, de pronto lo comprendamos.

Puede que necesitemos que algunas cosas nos las enseñen muy despacio, y otras las aprendemos muy rápido, o podemos necesitar que nos enseñen algo más de una vez. Aprendemos las cosas de modo distinto y esto nos ayuda a resolver problemas que otras personas no pueden resolver.

Diferencias en el Procesamiento Sensorial

Con **procesamiento** nos referimos a la forma en la que tu cerebro piensa y reacciona ante las cosas. El **procesamiento sensorial** es un tipo de procesamiento, que tiene que ver con la forma en que sientes y reaccionas a las cosas que percibes con tus sentidos.

Por ejemplo: si ves una media puedes notar muchas cosas de ésta, cómo su color y su tamaño. Si la tocas, sentirás la tela, si la hueles puede que huela a sudor o a ropa limpia. ¡Eso es procesamiento sensorial!

El autismo influye en el procesamiento sensorial de muchas formas.

Tenemos cinco sentidos principales:

- **El sentido de la vista:** Emplea los ojos y lo usamos para ver las cosas. Podemos notar colores, iluminación y oscuridad, formas y texturas. Podemos ver si las cosas están lejos o cerca , si se mueven rápido o lento, o qué tipo de cosas son.

- **El sentido del tacto:** Emplea las manos y la piel y lo usamos para tocar las cosas. Podemos sentir la textura de algo, o saber si es pequeño o grande. Podemos sentir formas, o si algo es ligero o pesado. Podemos saber si una comida es dura o blanda.

- **El sentido del oído:** Emplea los oídos y lo usamos para escuchar cosas. Podemos escuchar sonidos y saber que tan fuerte suenan, si el sonido viene de lejos o de cerca. Podemos determinar qué cosa está haciendo el ruido, y diferenciar unos ruidos de otros.

- **El sentido del olfato:** Emplea nuestra nariz y es así cómo sabemos cómo huele algo. Podemos saber si algo apesta o huele bien. Podemos usarlo para diferenciar unas comidas de otras.

- **El sentido del gusto:** Emplea la lengua y lo usamos para conocer el sabor de las cosas. Podemos degustar comida y saber si nos gusta o no. Podemos saber si algo es agrio, dulce, picante o salado.

Pero también existen otros sentidos, por ejemplo:

- **Presión:** Utilizamos el sentido de la presión para saber si algo nos está tocando. También nos sirve para saber qué tan pesado es algo.

- **Hambre y sed:** El hambre nos permite saber si hemos comido suficiente comida. Gracias a la sed podemos saber si hemos bebido suficiente líquido.

- **Dolor:** Gracias al dolor sabemos si estamos lastimados o enfermos. Cuando el dolor es más fuerte significa que estamos más lastimados o más enfermos.

- **Temperatura:** La temperatura nos permite saber si algo está caliente o frío.

- **Equilibrio:** Usamos el equilibrio para estar de pie y caminar en línea recta.We use sensory processing to understand what we see, touch, hear, smell and taste.

Usamos el procesamiento sensorial para comprender lo que pasa en nuestro ambiente y en nuestros cuerpos.

Cada persona procesa sus sentidos de forma ligeramente diferente al resto, pero las personas autistas procesamos los sentidos de manera MUY distinta.

Por ejemplo: los ruidos fuertes nos pueden molestar mucho, o puede que las luces brillantes sean mucho más incómodas que las luces bajas. Puede que nos guste la textura de una comida y nos incomode mucho la textura de otra comida.

Puede que tú sientas algunas cosas de una forma demasiado fuerte, o que casi no las sientas.

Si uno de tus sentidos es demasiado fuerte puede pasar que no te permita prestar atención a ningún otro sentido, o que necesites hacer mucho esfuerzo para hacerlo.

Si uno de tus sentidos es demasiado débil puede pasar que no percibas nada con él, o que necesites hacer mucho esfuerzo para hacerlo.

Muchas personas autistas tienen sentidos que son demasiado fuertes o demasiado apagados.

Las etiquetas en la ropa pueden incomodarnos muchísimo, o puede que sintamos demasiado calor aun cuando la temperatura no está muy alta.

Puede ser que no sintamos dolor cuando nos lastimamos, o que no notemos un olor terriblemente malo.

A veces, sentimos demasiado una cosa, o demasiadas cosas a la vez, y a eso se le llama **sobrecarga sensorial.** Las sobrecargas sensoriales pueden hacer que nos sintamos molestos o angustiados, e incluso pueden generar un meltdown o un shutdown.

Las personas autistas podemos notar cosas que otras personas pasan por alto. Nos puede encantar la tela suave de una camisa, o las comidas de sabor fuerte.

Nuestros sentidos pueden cambiar en el día a día. La etiqueta en la camisa puede molestarnos un día, pero al día siguiente puede no ser un problema.

No hay ningún problema con sentir las cosas de formas distintas. No existe una forma correcta o incorrecta de procesar las cosas.

Estimear

Estimear (Stimming/Stims) es moverse de la misma forma una y otra vez. Las personas "estimean" por motivos muy distintos. Estimeamos para equilibrar nuestros sentidos, para mostrar cómo nos sentimos o para enfocarnos en algo.

Los stimmings nos ayudan a sentirnos mejor y también es una forma muy buena de divertirnos.

Hay muchas formas de estimear, aquí hay algunos ejemplos:

- Mecerse hacia delante y hacia atrás.

- Aletear con las manos.

- Frotar cosas suaves contra la cara o el cuerpo.

- Hacer zumbidos con la boca, gruñir, murmurar, gemir o cantar.

- Hacer girar cosas o sostener objetos delante de los ojos.

¡Casi cualquier cosa puede ser un stimming! A las personas les gusta estimear de maneras distintas.

Mientras que a una persona puede gustarle mecerse de adelante hacia atrás, otra puede preferir dar vueltas.

¡Las personas no-autistas también estimean! Por ejemplo, juguetear con un lapicero o dar golpecitos con un pie son stimmings.

Todos estimeamos, pero las personas autistas lo hacemos más que otras personas. A veces elegimos estimear porque nos ayuda, pero otras veces no podemos controlar cómo o cuándo estimear.

A veces las personas no-autistas dicen que los stims distraen demasiado, que si estimeamos no deberíamos estar cerca de otras personas.

Esas personas están equivocadas. Nosotros tenemos derecho a todo lo que las otras personas tienen derecho. Sin importar los movimientos que nuestros cuerpos hagan.

Personas autistas, con toda clase de trabajos, estimean. Las personas autistas estimean en casa, en la escuela, en la calle o en el cine. ¡Ha habido autistas que han estimeado en la Casa Blanca!

Nadie debería obligarte a dejar de estimear, nunca.

Diferencias Motoras

Las personas autistas tienen **Habilidades motoras** distintas a las de las personas no-autistas. Las habilidades motoras son la forma cómo una persona controla el movimiento de su cuerpo.

Tu cuerpo se mueve de formas grandes y pequeñas. A la habilidad para hacer movimientos grandes cómo correr o nadar los llamamos **habilidades motoras gruesas**, y a la habilidad para hacer los movimientos pequeños cómo escribir o atarte los zapatos las llamamos **habilidades motoras finas**.

Las habilidades motoras también son importantes para poder hablar, porque mover la boca para hacer sonidos es una habilidad motora.

No todas las personas autistas tienen grandes diferencias en sus habilidades motoras. Muchas personas autistas tienen solo pequeñas diferencias ¡y puede que ni se den cuenta de que las tienen!

Las diferencias en las habilidades motoras pueden hacer que alguien no tenga bonita letra o camine diferente a las demás personas.

Las personas autistas pueden tener distintos tipos de dificultades motoras, por ejemplo:

- Dificultades para planear cómo moverse o para que su cuerpo obedezca las instrucciones de su cerebro.

- Tener problemas para empezar a moverse o dejar de moverse.

- Chocar con las cosas, tropezar, o que las cosas se caigan de sus manos con frecuencia.

Aquí hay un ejemplo:

Alexis es autista. Está en un sillón y quiere levantarse y comer cereal. Hay muchas cosas que pueden ser difíciles en ese momento.

Primero tiene que ponerse de pie, luego tiene que caminar a la cocina. Después, tiene que tomar el cereal, un tazón, una cuchara y poner cereal en el tazón.

Alexis debe pensar en todos estos pasos antes de poder realizarlos.

Puede tener problemas recordando cuáles eran todos los pasos, y puede tener dificultades para recordar en qué orden iban.

Puede tener dificultades para levantarse del sillón. Y una vez que comience a moverse puede tener dificultades para detenerse en la cocina. También es posible que se le caiga el cereal o el tazón cuando trate de tomarlos.

Hay muchas personas cómo Alexis. Puede que tú también tengas problemas con algunas de estas cosas.

Hablar

Muchas personas autistas tenemos diferencias motoras que influyen en la forma en la que nos comunicamos. Para hablar con la boca usamos los músculos, pero nuestros músculos no siempre funcionan cómo queremos. Esto puede hacer que hablar sea difícil.

Tenemos que tener claro lo que queremos decir, y cómo tenemos que hacer los sonidos con nuestra boca. Puede que no sepamos cómo hacerlo, y aun si lo sabemos, puede que no podamos.

Algunos podemos escuchar de modo distinto, lo que dificulta saber cuáles son los sonidos que debemos hacer.

También puede ser difícil saber cuáles son las palabras correctas. Es posible que necesitemos planificar cuidadosamente lo que queremos decir, y por eso podemos tardarun poco.

A veces la gente se pone impaciente con nosotros ¡cuando estamos teniendo problemas para encontrar las palabras que queremos decir!

Empezar a hablar o dejar de hacerlo tambien puede ser difícil, porque nuestros músculos no siempre funcionan correctamente cuando lo necesitamos. No siempre podemos hablar cuando queremos hacerlo, y no siempre podemos dejar de hablar cuando queremos parar.

Todo esto puede influir en la forma cómo las personas autistas hablamos.

Por ejemplo, muchas personas autistas no podemos controlar nuestro tono. Podemos hablar demasiado fuerte o demasiado bajito, sonar cómo que estamos murmurando o cómo que estamos cantando al hablar.

Algunas personas autistas tienen momentos en los que no pueden hablar y otras no pueden hablar nunca.

A veces es debido a las dificultades motoras, pero también puede ser por otros motivos. Muchas personas no piensan en palabras, o también puede ser por problemas de ansiedad que dificultan el habla. Hay muchas razones que hacen que esto ocurra.

Las personas que no hablan son **no-hablantes.** Aquí te ponemos algunos ejemplos de la situación de personas no-hablantes:

- Una persona que nunca haya hablado en toda su vida.

- Una persona que hablaba en la niñez, pero ya no puede.

- Una persona que puede hablar a veces, pero tiene menos dificultades si escribe las palabras en vez de decirlas.

¡Estos son solo algunos ejemplos de personas no-hablantes! Algunas personas son no-hablantes en la niñez, pero más adelante en su vida pueden hablar. Algunas personas pueden hablar unas veces y otras veces no.

No sabemos exactamente cuántas personas autistas son no-hablantes. Actualmente, se cree que alrededor de 1 autista de cada 3 es no-hablante.

Diferencias En la Comunicación

La **comunicación** son todas las formas en que les decimos a los demás lo que queremos y necesitamos.

Todas las personas autistas se comunican, pero lo hacemos de formas distintas a las personas no-autistas. Algunos usamos palabras y otros no. Algunos hablamos con la boca, mientras que otros somos no-hablantes.

Las personas autistas nos comunicamos de formas diferentes. Si usamos palabras, puede que las usemos de modos distintos. Puede ser que tengamos un sentido del humor distinto, o que no nos gusten las charlas triviales.

¡Entendemos las cosas de formas diferentes! Por ejemplo: quizá no entendamos que alguien está haciendo una broma, o quizá entendamos las imágenes mejor que las palabras.

Aquí hay algunas formas cómo las personas autistas se comunican:

Ecolalia

Ecolalia significa repetir cosas que has escuchado anteriormente. Por ejemplo, puede ser que repitas en voz alta alguna frase de tu película favorita.

Las personas no-autistas también repiten cosas dichas en películas, libros o programas de TV, pero las personas autistas usan la ecolalia mucho más seguido. Las personas autistas usamos las ecolalias para comunicarnos, especialmente cuando se nos dificulta hacer nuevas oraciones.

Existen diferentes tipos de ecolalia. Algunas personas autistas memorizamos oraciones que escuchamos y las usamos después.

Aquí hay un ejemplo:

La hermana de Bob no quiere lavar los platos, entonces dice "el lavaplatos no funciona". En otro momento, Bob no quiere hacer su tarea. Él recuerda lo que su hermana dijo, entonces dice "el lavaplatos no funciona".

Bob está usando una ecolalia. Está diciendo que no quiere hacer algo, en realidad no está hablando del lavaplatos. Esto puede ser difícil de entender para las personas no-autistas.

A veces usamos la ecolalia de otras formas. Podemos usarla combinando las partes de dos o más oraciones distintas.

Por ejemplo:

Bob quiere quedarse en casa, pero su mamá quiere ir a hacer compras. La mamá de Bob le dice "entra al auto". Bob recuerda cuando su hermana dijo "el lavaplatos no funciona", así que él combina las oraciones y dice "el auto no funciona" y lo que realmente quiere decir es que desea quedarse en casa.

Hay otro tipo de ecolalia que ocurre más rápido. Podemos repetir las palabras justo después de haberlas escuchado.

A veces, eso puede ser un problema.

Por ejemplo:

La mamá de Juanita dice "¿quieres jugo o agua?" Juanita responde "o agua", pero en realidad quería jugo. Ella solo pudo decir la última parte de la frase que escuchó, entonces dijo "agua", cuando en realidad no quería agua.

Algunas personas autistas usan las ecolalias para estimear. Nos gusta la forma cómo suenan algunas cosas y entonces las repetimos una y otra vez.

A veces, puede ser que no podamos parar de decir algo. Cuando eso sucede, es posible que no queramos que los demás le presten atención a lo que estamos diciendo. Si escuchas a alguien y no sabes si quiere decir algo o solo está repitiendo ecolalias, solo pregúntale.

Preparar Guiones

Preparar guiones, o scripting es cuando una persona planea lo que va a decir mucho tiempo antes de decirlo. Por ejemplo, es posible que prepares un guión de lo que le vas a decir al doctor. Esos guiones pueden ser frases que has escuchado antes, frases hechas por ti o una combinación de las dos cosas.

Casi todo el mundo usa guiones en ciertas circunstancias.

Las personas no-autistas suelen preparar con anticipación comentarios triviales. Repiten la misma frase varias veces, cómo "Hola, ¿cómo estás?", o pueden preparar guiones cuando se preparan para algo cómo una entrevista de trabajo.

Pero las personas autistas elaboran guiones con mayor frecuencia, y nuestros guiones pueden ser mucho más detallados que los de las personas no-autistas.

Comunicación Aumentativa y Alternativa (CAA)

CAA se refiere a usar cualquier forma de comunicación que no sea hablar con la boca. Algunas veces la CAA se usa junto con el habla y otras veces la gente lo usa en lugar de hablar. Tanto autistas hablantes cómo no-hablantes utilizan CAA. Algunas personas usan CAA todo el tiempo, y otras solo en algunas ocasiones.

Existen diferentes tipos de CAA, por ejemplo:

- Escribir en una computadora.

- Pulsar botones en un iPad.

- Señalar letras o imágenes en un tablero.

- Usar lengua de señas.

Que una persona no pueda hablar no significa que no pueda comunicarse. . ¡Las personas autistas nos comunicamos de muchas formas! No importa cómo nos comuniquemos, debemos ser escuchados. Hablar con la boca no es mejor que otras formas de comunicarse.

Diferencias en la Socialización

El autismo también influye en nuestra manera de socializar. **Socialización** se refiere a relacionarnos con otras personas y la manera en que lo hacemos.

Hacer amigos es una parte importante de socializar. Lo que los demás sienten por nosotros, también es una parte importante de socializar.

Algunas personas dicen que el autismo te hace socializar mal ¡pero esas personas se equivocan! El autismo nos hace socializar de manera diferente, y socializar de manera *diferente* no tiene nada de malo.

Algunas personas dicen que lo más importante del autismo son nuestros problemas para socializar. Eso es porque la socialización es muy importante para las personas no-autistas. Cuando alguien socializa de manera distinta, se dan cuenta inmediatamente.

Pero la socialización sólo es una parte del autismo. Otras cosas, cómo nuestra forma de pensar, sentir y movernos también son importantes.

Aquí hay algunos ejemplos de cómo la socialización de los autistas puede ser diferente.

Empatía

Las personas usan la palabra empatía para referirse a muchas cosas distintas.

Generalmente, **empatía** significa preocuparse por lo que sienten las otras personas.

Algunas personas dicen que los autistas no tenemos empatía ¡pero están equivocados! A las personas autistas sí nos importan los sentimientos de los demás. Algunos autistas no podemos dejar de pensar en los sentimientos de otros, incluso cuando queremos dejar de hacerlo.

Podemos sentirnos muy mal por tirar un juguete a la basura, porque puede sentirse cómo si estuviésemos lastimando los sentimientos del juguete. Si vemos a alguien herido o avergonzado, nos podemos sentir de la misma manera.

Adivinar Cómo se Sienten las Otras Personas

Todas las personas muestran sus sentimientos de maneras diferentes. Nadie puede saber del todo lo que sienten los demás, pero podemos tratar de adivinarlo. Algunas personas también le dicen a esto "empatía".

Adivinar los sentimientos de los demás también es una parte importante de socializar para la mayoría de las personas. Cuando puedes adivinar cómo se siente una persona, puedes cambiar tu actitud hacia ella. Si crees que la persona está triste puedes tratar de animarla. Si crees que está molesta puedes darle espacio.

Nadie es perfecto adivinando, pero la mayoría de personas no-autistas lo hacen bastante bien. Para la mayoría de personas autistas es muy difícil adivinar cómo se sienten los demás. A veces necesitamos que las personas nos digan cómo se sienten.

Las personas no-autistas generalmente son buenas adivinando los sentimientos de otras personas, pero suelen ser *malas* adivinando los sentimientos de los autistas. Las personas autistas podemos mostrar nuestros sentimientos de formas diferentes, y además pensamos diferente. Por eso para las personas no-autistas puede ser muy difícil adivinar nuestros sentimientos.

Reglas de las Que Nadie Habla

Hay muchas reglas para la socialización. Por ejemplo:

- Cuando vea a alguien, pregúntale cómo está.

- Cuando alguien te pregunte cómo estás, respóndele que estás bien.

- Habla en voz baja cuando estés en interiores.

- Usa ropa elegante en eventos elegantes.

- Habla de las cosas que te gustan solo por poco tiempo.

- No interrumpas a las personas.

Muchas de esas reglas de socialización no están escritas y nadie las dice de forma clara. La gente solo espera que las sepamos. Esto puede ser muy difícil para las personas autistas. ¿Cómo podemos saber una regla si nadie nos la ha dicho?

Las personas no-autistas no tienen que pensar en esas reglas, porque se les hace fácil seguirlas. Pero nosotros tenemos que pensar en las reglas y en cómo seguirlas. También es posible que no seamos capaces de seguirlas aunque las sepamos.

Por ejemplo:

> Sonya está en la biblioteca, y la regla en la biblioteca es estar en silencio. Pero Sonya no puede estar en silencio, porque su boca hace sonidos aun cuando quiere estar en silencio. A Sonya le preocupa la regla, y piensa mucho en esa regla. Pero no puede seguirla.

Además, las reglas a veces cambian. Puede depender de dónde estás y de qué estás haciendo. Para las personas autistas es difícil saber cuándo cambian las reglas.

Por ejemplo:

Jane es autista. Jane se siente mal, así que va al doctor. El doctor le pregunta "Hola, ¿cómo estás?", Jane le dice "Me siento enferma. Me duele la cabeza y tengo la nariz congestionada." Está bien que Jane le diga eso al doctor, porque así el doctor sabrá qué hacer.

Después de ir al doctor, Jane va a un restaurante. El mesero le pregunta "Hola, ¿cómo estás?", Jane le dice "Me siento enferma. Me duele la cabeza y tengo la nariz congestionada." El mesero solo está siendo amable, y en realidad no le interesa saber cómo se siente Jane. Esa persona esperaba que Jane dijera "Bien, gracias."

Muchas personas autistas pasan mucho tiempo tratando de comprender estas reglas. Podemos desarrollar nuestros propios mecanismos para entenderlas, o inventarnos nuestras propias reglas. Hacer todo eso requiere mucho esfuerzo.

Pensamiento Independiente

Las personas autistas somos buenas pensando independientemente.

Muchas personas tienen que lidiar con la **presión de grupo**, que es cuando la gente a tu alrededor te presiona para hacer algo.

Puede que termines haciendo lo que te dicen aun cuando no deseas hacerlo, porque quieres agradarle a la gente. Por ejemplo: puede que veas una película que odias porque tus amigos quieren verla.

A las personas no-autistas les cuesta mucho decir que no a la presión de grupo. Les angustia mucho la idea de no agradarles a los demás. Las personas autistas también pueden pasarla mal con la presión de grupo, pero es más fácil para nosotros pensar independientemente. Esa presión no suele afectarnos tanto.

Cómo pensamos independientemente, a veces ignoramos las reglas. Por ejemplo: si estamos en una fiesta en la que hay mucho ruido, puede que simplemente nos vayamos, aunque sabemos que la regla es no irse antes de tiempo.

Las personas no-autistas suelen ponerse de acuerdo fácilmente en qué es lo más importante, pero las personas autistas pueden ver las cosas de una manera distinta.

Por ejemplo:

> James es autista. Tiene una amiga llamada Anne. Anne le cuenta que un mapache se metió a su casa y desordenó toda su habitación. Los otros amigos de Anne se enfocan en ayudar a Anne a limpiar su habitación. James está de acuerdo en que la habitación de Anne necesita ser limpiada, pero cree que es más importante asegurarse primero de que el mapache se encuentre bien. Los otros amigos de Anne no están de acuerdo con James. James no está haciendo nada malo, ni tampoco los amigos de Anne. Simplemente tienen ideas diferentes.

Contacto Visual

Muchas personas autistas no hacen contacto visual. Hacer contacto visual puede hacernos sentir mal o dificultar que le prestemos atención a lo que nos dicen. Puede ser difícil escuchar lo que alguien dice y mirarlo a los ojos al mismo tiempo. Así que no lo miramos a los ojos.

Las personas no-autistas pueden adivinar los sentimientos de los demás mirándolos a los ojos. También usan el contacto visual para expresar sus propios sentimientos. Por eso para ellos el contacto visual es tan importante.

Las personas autistas tenemos formas diferentes de compartir nuestros sentimientos, y mirar a los ojos no es una de ellas. Por ejemplo, podemos simplemente decir cómo nos sentimos.

A veces, algunas personas autistas pueden fingir que miran a los ojos, fingir que hacemos contacto visual, por ejemplo, mirando a la nariz. O podemos mirar a los ojos a pesar de que nos resulte muy incómodo hacerlo. A algunas personas autistas no les molesta para nada mirar a los ojos, pero a la mayoría de nosotros sí nos afecta.

Comunicación No-Verbal

El contacto visual es una forma de **comunicación no-verbal**. La comunicación no-verbal es la comunicación que no usa palabras, por ejemplo:

- Lenguaje corporal

- Expresiones faciales

- Tono de voz

Las personas usamos comunicación no-verbal todo el tiempo, y nadie puede dejar de expresarse no-verbalmente. Siempre que alguien te esté viendo, puede ver tus expresiones no-verbales.

Las personas no-autistas suelen entender bastante bien lo que otros expresan con su comunicación no-verbal, y no tienen que pensar mucho para poder averiguarlo. Por ejemplo:

- Cuando alguien tiene los brazos cruzados, saben que esa persona está molesta.

- Cuando alguien da golpecitos repetitivos con un pie, saben que esa persona está impaciente.

- Cuando alguien sonríe de determinada manera, saben que esa persona está feliz.

Pero las personas autistas usamos nuestra comunicación no-verbal de maneras muy diferentes a las de las personas no-autistas. Podemos cruzar los brazos porque necesitamos sentir presión, o podemos dar golpecitos con el pie porque estamos estimeando. Esto puede confundir a las personas no-autistas.

La comunicación no-verbal no solo es lo que una persona hace, también es lo que las otras personas piensan al respecto. La gente puede adivinar cómo se siente una persona según su comunicación no-verbal, pero cuando adivinamos algo podemos cometer errores.

Además, para las personas autistas puede ser mucho más difícil adivinar o comprender la comunicación no-verbal.

Por ejemplo:

> Bob es autista, y ve que su amiga Sally sonríe. Bob piensa que Sally está feliz porque la ve sonriendo, pero en realidad Sally está molesta. A veces las personas sonríen de cierta forma cuando están molestas. Bob no se da cuenta de que Sally está molesta y trata de hablarle de cosas alegres. Esto hace que Sally se sienta aún más molesta.

La comunicación no-verbal usa muchos componentes. Debes usar tu voz, tu cara y tu cuerpo para comunicarte con alguien.

Esa persona también responde usando su voz, su cara y su cuerpo.

También tienes que tratar de adivinar lo que las personas están comunicando.

Son muchas cosas que suceden al mismo tiempo, y eso puede ser difícil para las personas autistas.

Las personas autistas podemos elegir comunicarnos solamente con nuestras palabras. Para eso nos aseguramos de que las personas entiendan lo que estamos diciendo y que nosotros entendamos lo que ellas responden. Esto funciona cuando las personas con las que hablamos también pueden enfocarse solamente en las palabras, pero a la mayoría de personas no-autistas se les dificulta hacer eso.

Resumen de todo esto

Las personas autistas socializan de manera distinta a las personas no-autistas. Puede que sea más cómodo para nosotros mandar textos en lugar de hablar por teléfono. Puede que no nos guste estar rodeados de muchas personas, ni tener conversaciones con reglas confusas.

Hay otras cosas del autismo que influyen en nuestra forma de socializar. Puede que tengamos problemas con los ruidos fuertes, así que quizá no vayamos a fiestas muy ruidosas. Si tenemos problemas moviéndonos, quizá no tengamos la capacidad de acercarnos a alguien y empezar una plática.

Hay muchas razones que hacen que los autistas socialicemos diferente. Debemos hacer lo que funcione para cada uno.

Viviendo el Día a Día

El autismo influye en la manera cómo vivimos nuestras vidas. Influye en nuestra manera de pensar, de sentir y de comunicarnos.

Muchas personas autistas necesitamos apoyos de manera cotidiana. Hay cosas que nos pueden resultar muy difíciles cómo mover el cuerpo, hablar con las personas o hacer cosas que requieren muchos pasos a la vez.

Por ejemplo, cocinar puede ser difícil para nosotros, porque es algo que toma mucho tiempo y requiere hacer muchas cosas a la vez. Pero las personas tenemos que cocinar todos los días, entre otras muchas tareas.

A los autistas nos cuesta más energía hacer estas cosas. Puede que no seamos capaces de hacer todo lo que debemos hacer todos los días, o puede que algunas de esas cosas no las podamos hacer nunca.

Por ejemplo:

> Cass es autista. Cass tiene que trabajar hoy y estará en una reunión durante muchas horas. Cuando regresa a casa, no tiene energía para cocinar. No puede pensar en todo lo que hay que hacer para poder cocinar, pero igual necesita comer. Cass puede ordenar comida o puede buscar a una persona de apoyo para cocinar.
>
> Roland es autista. No puede cocinar porque seguir todos los pasos que se necesitan para cocinar es muy difícil para el. Roland vive con una persona que cocina para él. Roland ayuda con los quehaceres de la casa de otras formas.

Es normal necesitar apoyo en tu vida cotidiana. Todas las personas, autistas o no, necesitamos el apoyo de alguien para vivir nuestras vidas. Piensa en los apoyos que tú y todas las personas que conoces necesitan.

Pensemos en alguien que puede conducir un auto y no necesita que nadie lo lleve a ningún sitio. Pero:

- ¿Si el auto se descompone , esta persona podría repararlo sola?

- ¿Esa persona armó sola el auto?

- ¿Esta persona hizo sola todas las piezas del auto?

- ¿Esta persona construyó sola las carreteras?

Puede que conozcas a alguien que puede hacer una o dos de estas cosas, pero nadie puede hacerlas todas por sí sola. Todos necesitamos apoyos.

Las personas autistas podemos necesitar más apoyos, por eso nuestras rutinas diarias pueden ser diferentes.

Aquí hay algunos ejemplos:

- Alguien puede necesitar a una persona de apoyo todo el tiempo para no ponerse en peligro.

- Alguien, a quien le cuesta escuchar cuando está en la escuela, puede necesitar a una persona que tome sus apuntes.

- Alguien que tiene problemas saliendo a comprar puede pedir que le traigan víveres a su casa.

- Alguien que tiene problemas para recordarlo que debe hacer, puede tener un acompañante laboral en el trabajo.

Está bien necesitar ayuda. Siempre deberías poder conseguir la ayuda que necesitas, y no hay nada de malo en pedir ayuda.

Las personas autistas podemos ser buenas para muchas cosas, y necesitar ayuda para otras.

No somos cómo las personas no-autistas y eso está bien. Nosotros no tenemos que comportarnos cómo personas no-autistas, y las personas no-autistas deben respetarnos tal y cómo somos.

Solo las personas autistas podemos decir lo que el autismo significa para nosotros, y cómo queremos que las demás personas nos apoyen.

Recursos del Capítulo Dos

También puedes encontrar los enlaces de estos textos en autismacceptance.com/book/chapter-2-resources

- Todos se comunican – el Recurso CAA

- En mi idioma – por Mel Baggs

- Por qué debemos dejar de suprimir los stimmings – por Cassandra Crosman

CAPÍTULO TRES

¿Quiénes Pueden Ser Autistas?

La forma en la que hablamos del autismo ha cambiado mucho.

Antes, llamábamos al autismo de muchas formas distintas. Algunas personas todavía usan estos términos:

- Trastorno del Espectro Autista (TEA)

- Trastorno Autista

- Síndrome de Asperger

- Trastorno Desintegrativo de la Infancia

- Trastorno Generalizado del Desarrollo no Especificado (TGD-NE)

- Autismo atípico

Hoy en día, casi todos le decimos autismo.

Las personas con otras discapacidades también pueden ser autistas, y las personas autistas pueden tener más de una discapacidad. Algunas de estas otras discapacidades son parte del autismo, y otras no tienen que ver con el autismo directamente.

El autismo es una discapacidad del desarrollo, y muchas personas con discapacidades del desarrollo tienen más de una discapacidad. Es algo normal.

Aquí hay algunas discapacidades adicionales que pueden tener las personas autistas:

Discapacidades de aprendizaje (también llamadas "dificultades del aprendizaje"):

- Dislexia

- Dispraxia

- Disgrafía

- Discalculia

- Discapacidades del aprendizaje no verbal

Discapacidades de la salud mental:

- Depresión

- Ansiedad

- Trastorno bipolar

- Trastorno de estrés postraumático

- Esquizofrenia

- Trastornos alimenticios

- Trastorno obsesivo compulsivo

- Síndrome de Tourette

Discapacidades que afectan el cuerpo:

- Enfermedades difusas del tejido conectivo, cómo el síndrome de Ehlers-Danlos y el síndrome de Marfan

- Trastornos del sueño, cómo el insomnio o la apnea del sueño

- Trastornos digestivos, cómo reflujo gástrico y úlcera péptica

- Epilepsia

- Esclerosis tuberosa

Otras discapacidades del desarrollo:

- Discapacidades intelectuales (también llamadas "discapacidades del aprendizaje" en el Reino Unido)

- TDAH

- Síndrome de Rett

- Síndrome de Angelman

- Síndrome de Down

- Parálisis cerebral

Algunas discapacidades son más frecuentes en el autismo. Algunas personas dicen que eso significa que el autismo es algo malo, pero esa creencia no tiene sentido.

Piensa en esto:

Las personas pelirrojas se queman más fácilmente con el sol. Las quemaduras de sol son dolorosas y pueden causar cáncer de piel, pero no por eso decimos que ser pelirrojo es malo.

Sería absurdo tratar de curar a los pelirrojos, o decirle a la gente pelirroja que se debe teñir el cabello. Eso no les ayudaría con sus quemaduras solares. Lo que debemos hacer es recomendarles usar bloqueador solar.

Es igual con el autismo. Las personas autistas debemos obtener más apoyo con nuestras discapacidades. ¡No necesitamos que traten de curarnos!

En algunos casos, las personas autistas no recibimos el diagnóstico de autismo y nos diagnostican erróneamente con otras discapacidades. A veces, es cierto que tenemos estas otras discapacidades, pero otras veces los doctores se confunden y no se dan cuenta de que somos autistas.

Las mujeres y las personas que son discriminadas por su raza son quienes más a menudo obtienen un diagnóstico equivocado, y se les diagnostican otras discapacidades.

Algunas de estas otras discapacidades son:

- Sordera

- Esquizofrenia

- Trastorno de la personalidad límite tambien llamado Trastorno de la personalidad límite

- Trastorno de la personalidad evitativa

- Trastorno de la personalidad esquizotípica

- Trastorno negativista desafiante

- Trastorno de comunicación social (pragmático)

- Trastorno de aprendizaje no verbal

- Trastorno del procesamiento sensorial

- Depresión

- Trastorno bipolar

- Ansiedad

- Trastorno obsesivo compulsivo (TOC)

- Trastorno por déficit de atención e hiperactividad (TDAH)

- Discapacidad intelectual

Las personas autistas podemos tener estas discapacidades además del autismo. Pero muchos doctores no saben mucho de autismo, y pueden diagnosticarnos con estas discapacidades *en vez* de autismo. Los doctores también pueden equivocarse.

Cualquiera puede ser autista. Niñas, mujeres, personas transgénero y personas no-binarias pueden ser autistas. Las personas de todas las razas pueden ser autistas. Adolescentes, adultos y personas mayores pueden ser autistas. Personas con otras discapacidades también pueden ser autistas.

¡Niñas y Mujeres También Pueden Ser Autistas!

Las mujeres (niñas y adultas) reciben diagnósticos de autismo con menor frecuencia que los varones. Muchas personas creen que el autismo solo se da en hombres, y por eso hay mujeres que reciben diagnósticos de discapacidad equivocados. A veces se les dice que solamente son tímidas o malcriadas ¡pero se equivocan! Las mujeres también pueden ser autistas.

A veces las mujeres autistas se ven diferentes a los hombres autistas, porque pueden tener comportamientos distintos. Las mujeres pueden sentirse más presionadas a encajar en el grupo (la familia, los amigos, los compañeros, etc.) que los hombres, y eso puede hacer que sea más difícil distinguir si una mujer es autista.

Los estudios sobre el autismo se enfocan principalmente en hombres. Eso hace que sepamos poco de las mujeres autistas y por lo tanto sea más difícil que reciban su diagnóstico de autismo.

¡Las Personas Transgénero y No-Binarias También Pueden Ser Autistas!

Hay muchos géneros diferentes, pero algunas personas creen que solo existen 2. Cuando las personas nacen, el doctor dice "¡es un niño!" o "¡es una niña!". El doctor dice eso según las características del cuerpo del bebé, pero a veces el doctor se equivoca. No tienes la obligación de ser un hombre o una mujer solo por cómo se ve tu cuerpo.

A veces, a una persona le dicen que es hombre durante la infancia, pero en realidad es una mujer, o al revés.

Transgénero significa que tu género es distinto a lo que pensaban las otras personas cuando naciste. **Cisgénero** significa que tu género es el mismo que las personas pensaban que era cuando naciste.

Por ejemplo:

> Billy es transgénero. Cuando Billy nació todos pensaron que era una niña, pero después Billy se dio cuenta de que era un niño. Billy les dijo a las demás personas que en realidad era un niño, y ahora vive su vida cómo un hombre.

Hay muchos géneros diferentes. A veces una persona no es ni un hombre, ni una mujer. A veces una persona no tiene género, o siente que su género cambia constantemente. **Personas no-binarias** se refiere a las personas que no son hombre o mujer.

Hay un gran número de personas autistas que son transgénero o no-binarias, y no sabemos por qué pasa eso.

¡Y eso también está bien! ¡Está bien ser autista, transgénero o no-binaria, o más de una!

Algunas personas dicen que los autistas no podemos comprendernos a nosotros mismos. También pueden decir que estamos confundidos respecto a nuestro género, pero se equivocan. Las personas autistas podemos y tenemos derecho a decidir cuál es nuestro género.

¡Las Personas Racializadas También Pueden Ser Autistas!

En esta guía usamos el concepto **Personas Racializadas**, para referirnos a todas las personas que son discriminadas por su raza. El concepto **personas racializadas**, se refiere a todas las personas que son discriminadas por su raza.

La raza es una construcción social. Esto significa que las diferentes sociedades tienen diferentes definiciones para la raza. Lo que llamamos raza se ve afectado por la cultura, el color de la piel, la etnia, por la historia de opresión colonial pasada y actual, entre muchas otras cosas.

Hay muchos tipos de personas racializadas, algunos ejemplos de personas racializadas son:

- Las personas negras.

- Las personas asiáticas.

- Las personas latinas.

- Los pueblos indígenas de todo el continente americano

- Las minorías étnicas de todo el mundo.

Cómo son muchos grupos diferentes, se llaman a sí mismos de maneras diferentes. En esta guía usamos el concepto de "personas racializadas" para poder incluirlas a todas.

Las personas que no son racializadas son diagnosticadas con autismo con más frecuencia que las personas racializadas, pero las personas racializadas tienen las mismas probabilidades de ser autistas.

A los doctores les cuesta trabajo diagnosticar el autismo en las personas racializadas.

El racismo hace que recibir el diagnóstico de autismo sea más difícil para las personas racializadas. A veces les pueden diagnosticar, de forma equivocada, otras discapacidades en lugar de autismo.

Debemos esforzarnos más para apoyar a las personas autistas racializadas. Todos tenemos derecho a saber si somos autistas.

¡Los Adolescentes, Adultos y Personas Mayores Pueden Ser Autistas!

Cualquiera puede ser autista, sin importar su edad. El autismo no es una "etapa" del crecimiento.

Recuerda: el autismo es una discapacidad del desarrollo, eso quiere decir que una persona autista nunca dejará de ser autista. Eso quiere decir que existen personas autistas de todas las edades.

A veces, las personas reciben su diagnóstico de autismo cuando son adultos. Quizá no tuvieron la oportunidad de evaluarse durante su niñez, o quizá el doctor hizo un mal diagnóstico. Eso no significa que esas personas no fueron autistas durante su niñez.

Las personas autistas han sido autistas toda su vida, aunque no hayan recibido un diagnóstico.

Cualquier persona puede ser autista. ¡Existen personas autistas de todas las edades!

Recursos del Capítulo Tres

También puedes encontrar los enlaces de estos textos en autismacceptance.com/book/chapter-3-resources

- El autodiagnóstico autista no es un "Síndrome del Copo de Nieve Especial" – por Sara Luterman

- Mujeres autistas y la Red No-Binaria

- Diagnósticos erróneos en adultos – El camino, por defecto, a una identidad autista – por Autistic Science Lady

- Por qué es tan difícil diagnosticar autismo en niñas – por Somer Bishop

- El problema racial del autismo – por Pacific Standard

CAPÍTULO CUATRO

Datos Reales del Autismo

Muchas personas tienen ideas equivocadas del autismo, y además hay mucha información errónea dando vueltas en la sociedad. En este capítulo, hablaremos de algunas creencias equivocadas que las personas tienen sobre el autismo, y cómo son realmente las cosas en el autismo.

1. Las vacunas no causan autismo.

Las **vacunas** son inyecciones que te aplican para ayudarte a no enfermarte. Por ejemplo, la vacuna contra la gripe sirve para evitar que te enfermes de gripe.

En 1997, un científico llamado Andrew Wakefield mintió diciendo que las vacunas causaban autismo. Muchos científicos probaron que estaba equivocado y demostraron que el autismo no es causado por las vacunas. Pero aun así, todavía hay gente que cree que las vacunas causan autismo. Estas personas no vacunan a sus hijos porque piensan que es mejor que se enfermen a que sean autistas. A los autistas nos

65

ofende que piensen eso y que el autismo les dé tanto miedo.

Las vacunas son seguras y evitan que la gente se enferme. Si las personas no le tuvieran tanto miedo al autismo se darían cuenta de lo seguras que son las vacunas. Eso sería lo mejor para todos.

No sabemos qué cosa nos hace autistas, pero sí sabemos que el autismo es genético. Eso quiere decir que aparece antes de que hayas nacido, y se hereda de la familia. Es común que las personas autistas tengamos otros familiares autistas.

Por último, lo que causa el autismo no es tan importante. Lo que importa es que las personas autistas. Tenemos el derecho de vivir una buena vida sin importar lo demás.

2. El autismo no es una enfermedad. No se puede curar el autismo.

Una enfermedad es algo que te pone en mal estado. Las enfermedades nos pueden hacer mucho daño o incluso pueden matarnos. Cuando una persona se enferma, necesita ir al doctor para "recuperarse" de la enfermedad.

El autismo no es una enfermedad. El autismo es la forma cómo nuestro cerebro funciona. El autismo no daña nuestra salud y no se puede morir de autismo.

Los doctores no pueden curar el autismo, y no podemos "recuperarnos" del autismo y convertirnos en personas no-autistas. Seremos autistas toda nuestra vida. ¡Eso siempre será una parte de nuestra persona!

Generalmente las personas enfermas quieren una cura, pero la mayoría de las personas autistas no quieren una cura para su autismo.

El objetivo de una cura es "arreglar" algo, y las personas autistas no necesitamos que nos arreglen.

A algunas personas no les importa lo que nosotros queremos. Quieren encontrar una cura para el autismo, y gastan mucho tiempo y dinero en eso. Eso no es bueno para las personas autistas. La gente debería usar ese tiempo y dinero en ayudarnos a vivir una buena vida.

---

3. No existe una persona "normal" adentro de una persona autista.

Algunas personas hablan del autismo cómo si no fuera una parte de la persona que somos. Piensan que existe una persona "normal" dentro de nosotros, y que esa persona está escondida detrás de nuestro autismo.

Esas personas quieren deshacerse de nuestro autismo para que podamos ser esa persona normal, pero esa idea de hacernos normales al llevarse nuestro autismo es imposible.

Somos autistas de pies a cabeza. No existe una persona normal atrapada dentro de una persona autista. El autismo es parte de lo que somos. Somos autistas y eso está muy bien.

4. Siempre han existido personas autistas alrededor del mundo.

La gente dice que ahora hay más personas autistas que antes, pero eso no es cierto. Lo que pasa es que los doctores están mejorando su forma de diagnosticar.

En el año 2000, los doctores decían que 1 de cada 150 personas es autista. Actualmente, piensan que 1 en cada 59 personas es autista. Esto no ocurre porque estén naciendo más personas autistas. Es porque la ciencia médica va mejorando.

Aun así, los doctores no son perfectos. A veces no logran detectar el autismo en algunas personas, cómo en las mujeres y las personas racializadas.

Los doctores están tratando de mejorar sus técnicas de diagnóstico del autismo. Eso significa que el número de personas con un diagnóstico de autismo podría seguir creciendo . Eso es algo bueno, porque quiere decir que más personas autistas podrán recibir los apoyos que necesitan.

5. ¡Está bien ser autista! El autismo no es malo.

El autismo es la forma cómo funcionan algunas mentes. Hay cosas que son difíciles de hacer para las personas autistas, pero a todas las personas se les dificultan ciertas cosas.

¡Además, las personas autistas también tenemos fortalezas! Hay cosas del autismo que pueden hacer que nuestra vida cotidiana sea más difícil, pero eso no quiere decir que el autismo sea malo.

Muchas de las cosas más difíciles de ser autista no ocurren por culpa del autismo, ocurren por culpa de las otras personas.

Por ejemplo, hay personas que pueden tratarnos mal porque somos autistas. Puede ser que no entienden el autismo, y que quieran mantenernos separados de las personas no-autistas.

Nada de eso ocurre porque el autismo sea malo, ocurre porque esas personas están siendo injustas. Necesitamos hacer que el mundo sea un lugar mejor para las personas autistas.

6. Los adultos autistas somos adultos. Nuestras mentes son mentes adultas.

Algunas personas usan el concepto de "edad mental". Las personas dicen "edad mental" cuando hablan de las discapacidades del desarrollo. Los adultos con discapacidades del desarrollo tienen muchas necesidades. Algunos necesitamos ayuda con cosas que la mayoría de niños pueden hacer solos, por eso hay personas que dicen que nuestras mentes son cómo las de los niños.

Algunas personas autistas tienen intereses que generalmente suelen tener los niños, pero no los adultos. Además, podemos hablar cómo los hacen los niños, o jugar de forma parecida a cómo juegan los niños. Algunas personas pueden decir que somos cómo niños debido a eso, pero esas personas se equivocan.

Por ejemplo:

> Beth tiene 36 años y tiene una discapacidad intelectual. No puede distinguir el lado derecho del lado izquierdo, y le gusta el programa de TV: Las pistas de Blue. Un doctor piensa que Beth es cómo una niña de 5 años, y dice que su "edad mental" son 5 años. Eso no tiene sentido, porque Beth ha estado viva por 36 años. Su cerebro no es cómo el cerebro de una niña de 5 años, y por tanto, es grosero decir que ella es cómo una niña.

Ser considerado cómo un niño no tiene que ver con lo que puedes o no puedes hacer, ni con la manera cómo hablas o juegas. Ser considerado un adulto tampoco tiene nada que ver con eso.

Cada año que vivimos aprendemos y maduramos un poco más. La edad de las personas son los años que tienen, la edad mental es un concepto equivocado.

Los adultos autistas no tenemos mentes de niños, tenemos la mente de adultos autistas. Los adultos autistas con discapacidades intelectuales también son adultos.

Las personas autistas tenemos el mismo derecho a hacer cualquier cosa que otro adulto pueda hacer. Las personas adultas podemos tener relaciones sexuales, casarnos, tener hijos, tomar nuestras propias decisiones y escoger cómo vivir nuestras propias vidas.

Puede que algunas cosas las hagamos de forma distinta a las personas no-autistas, y puede que necesitemos más apoyo. Pero no por eso dejamos de ser adultos.

7. Las personas autistas seremos autistas toda nuestra vida.

Las personas autistas nacemos autistas. Pero, cómo todos los bebés se ven iguales, no podemos saber mucho sobre las características de un bebé hasta que no crezca un poco.

Generalmente no podemos saber si un bebé es autista hasta que no se convierte en un infante. Eso no quiere decir que el bebé se convirtió en autista cuando se convirtió en infante. Siempre fue autista, pero las demás personas no podían saberlo.

Las personas autistas crecen y se convierten en adultos autistas. No dejamos de ser autistas, el autismo no es una etapa del crecimiento que se deja atrás. Si eres autista ahora, significa que fuiste autista desde el momento que naciste y serás autista hasta el día que mueras.

Los adultos se ven y se comportan distinto que los niños. Eso es cierto para todas las personas. Los adultos autistas se ven y se comportan distinto que los niños autistas.

Aprendemos nuevas habilidades, desarrollamos nuevos pasatiempos y hacemos nuevos amigos. Algunas cosas que eran difíciles cuando éramos niños se nos hacen más fáciles de adultos.

La mayoría de las películas, libros e historias se enfocan en los niños autistas, por eso mucha gente cree que no existen los adultos autistas. ¡Pero los adultos autistas existimos! Lo que pasa es que nos vemos diferente.

A algunas personas autistas se les enseña a fingir que no son autistas. Hay personas que nos amenazan para que no nos comportemos cómo autistas, pero seguimos siendo autistas en nuestro interior. Fingir que no somos autistas hace las cosas más difíciles para nosotros , y nos hace daño.

Cuando nos hacemos adultos podemos aprender a fingir mejor. Las personas pueden vernos y pensar que no somos autistas, pero no es cierto. Seguimos siendo autistas – solo estamos fingiendo que no lo somos, y eso nos lastima.

Los niños autistas se convierten en adultos autistas. No deberíamos tener que fingir que no somos autistas. La gente debería saber que los adultos autistas existimos.

8. La mayoría de las personas autistas hablan, pero todos nos comunicamos.

Algunas personas creen que los autistas no podemos hablar, pero se equivocan. La mayoría de las personas autistas podemos hablar.

Algunas personas autistas pueden hablar desde que son pequeños, y otros nos tardamos más tiempo en aprender.

Algunos podemos hablar, pero nos resulta difícil.

Es cierto que algunas personas autistas no pueden hablar nada ¡pero eso no tiene que ser algo malo! Hay muchas maneras distintas de comunicarnos, y todas las personas autistas nos comunicamos.

Todos tenemos la necesidad de comunicarnos, sin importar si podemos hablar o no.

9. El autismo y la discapacidad intelectual no son lo mismo.

El autismo y la discapacidad intelectual tienen algunos puntos comunes, pero son discapacidades diferentes. Una persona puede tener una o la otra, o ambas, o ninguna.

Las **discapacidades intelectuales** influyen en la forma de aprender y en la forma de pensar. Las personas con discapacidades intelectuales pueden aprender más lentamente, y pueden necesitar más apoyo en su vida cotidiana.

Las personas con discapacidades intelectuales sí piensan y sí aprenden, solo que lo hacen de un modo distinto.

Algunas personas autistas también tienen discapacidades intelectuales, pero la mayoría no las tenemos. ¡Hay muchas formas diferentes de ser autista!

10. No supongas cosas sobre las personas no-hablantes.

Mucha gente tiene ideas equivocadas de las personas no-hablantes.

Algunos creen que las personas no-hablantes tienen una discapacidad intelectual, que no tienen nada que decir o que no están interesadas en las demás personas.

Todas esas son ideas equivocadas.

Las personas no-hablantes no hablan, y esa es la única diferencia que tienen.

Que una persona no pueda hablar no significa que no tenga nada que decir. No significa que no les importen las demás personas, o que tengan una discapacidad intelectual.

Debemos ayudar a las personas no-hablantes a comunicarse de las maneras que les sean posibles. Si te encuentras con una persona no-hablante, trata de entenderla y conocerla. No supongas cosas solo porque no puedes entenderla.

11. Las personas autistas sabemos que los demás también tienen pensamientos.

Algunos científicos dicen que las personas autistas no comprendemos a las demás personas. Dicen que no comprendemos que las otras personas también tienen pensamientos, o que no sabemos que cada persona piensa de maneras distintas.

Estas ideas son un poco ridículas. Las personas autistas sabemos muy bien que las demás personas también piensan, y es algo que hemos afirmado desde hace mucho tiempo.

En este libro hemos hablado mucho sobre lo que piensan otras personas, y eso demuestra que sabemos que los demás también tienen pensamientos. Quizá leer este libro ayude a los científicos a entender cómo pensamos nosotros.

12. Las personas autistas estamos en el mismo mundo que todos los demás.

Algunas personas dicen que los autistas estamos "en nuestro propio mundo". Esas personas creen que no nos damos cuenta de lo que pasa alrededor nuestro, o que no nos importan las demás personas, ni el resto de las cosas.

Eso no es cierto. Las personas autistas estamos en el mismo mundo que todos los demás. Estamos aquí, pero vemos el mundo de una forma distinta. El autismo cambia la forma cómo tratamos con las personas, pero seguimos siendo parte de este mundo.

A veces, puede parecer que no estamos prestando atención o que no notamos las cosas, pero eso puede ocurrir por muchos motivos. No quiere decir que estemos en "nuestro propio mundo".

13. No todas las personas autistas son excelentes en algo.

Algunas personas autistas son mejores que la mayoría de la gente haciendo algunas cosas específicas.

Por ejemplo, pueden saber el día de la semana de cualquier fecha pasada de cualquier año. Algunos pueden dibujar una ciudad de memoria a la perfección, o pueden hacer cálculos matemáticos complejos en su cabeza.

La mayoría de las personas autistas no somos así. Somos buenos en algunas cosas y malos en otras, pero es muy raro que seamos "los mejores" en algo.

14. Personas de todos los géneros pueden ser autistas.

Actualmente, los niños y los hombres adultos son diagnosticados con autismo con más frecuencia que las niñas y las mujeres.

Los niños son diagnosticados con autismo tres veces más que las mujeres, pero eso no significa que haya más autistas varones que autistas mujeres.

Las pruebas que los doctores usan para diagnosticar autismo se crearon observando a los niños.

Los doctores decidieron lo que significaba ser autista observando a los niños, y por eso muchas niñas y mujeres han quedado fuera de la definición. Son autistas, pero los doctores no se dan cuenta.

Además, las personas autistas pueden ser de muchos géneros distintos. Existen más géneros que solo hombre y mujer, pero nadie cuenta a las personas que no son hombres o mujeres.

Debido a que hay mucha gente que no recibe el diagnóstico, la información sobre la cantidad de autistas que existen está equivocada. No sabemos cuál es la verdadera cantidad de autistas, pero sí sabemos que hay autistas de todos los géneros.

15. Personas de todas las razas pueden ser autistas.

Las personas de cualquier raza pueden ser autistas. Por culpa del racismo, las personas que no son discriminadas por su raza reciben su diagnóstico de autismo con más frecuencia que las personas racializadas.

Pero las personas racializadas pueden ser autistas con la misma frecuencia que las personas que no son discriminadas por su raza.

Las pruebas que los doctores usan para diagnosticar autismo se crearon observando a los niños que no son discriminados por su raza.

Los doctores decidieron lo que significaba ser autista observando a los niños no racializados, y no tomaron en cuenta a las personas autistas racializadas.

Por eso las personas racializadas son diagnosticadas con autismo con mucha menor frecuencia. Son autistas, pero los doctores no se dan cuenta.

Los doctores están comenzado a notar este problema, pero aun así las personas racializadas siguen siendo diagnosticadas menos que las personas que no son discriminadas por su raza.

Muchos autistas que son racializados pueden no ser diagnosticados nunca, o pueden ser diagnosticados con otras discapacidades en vez de autismo. Por ejemplo:

- Pueden ser diagnosticados con una discapacidad intelectual,

- Pueden ser diagnosticados con una discapacidad de salud mental.

¡Muchas veces ese diagnóstico es equivocado! Los doctores pueden tener ideas incorrectas sobre las personas racializadas , y por eso las diagnostican con otras discapacidades en vez de autismo. ¡Y eso no es justo!

Las personas racializadas deberían obtener el diagnóstico correcto. Todos deberían saber que las personas racializadas pueden ser autistas, y que las personas racializadas son parte de la comunidad autista.

Recursos del Capítulo Cuatro

También puedes encontrar los enlaces de estos textos en autismacceptance.com/book/chapter-4-resources

- La teoría de la edad mental lastima a las personas con discapacidades – por Ivanova Smith
  - (traducido al español en https://www.facebook.com/micerebroatipico/posts/1275409129572556)
- Cerebro izquierdo cerebro derecho: noticias, ciencia y opinión sobre el autismo
- "Poniéndome mi mejor normalidad": camuflaje social en adultos con condiciones del espectro autista

CAPÍTULO CINCO

Autismo y Discapacidad

El autismo es una discapacidad. ¿Qué significa eso?

Este capítulo habla de:

- Lo que significa discapacidad
- El movimiento de derechos para las personas discapacitadas
- El movimiento de la neurodiversidad

¿Cómo Pensamos Sobre la Discapacidad?

La discapacidad es una parte normal de la sociedad. Una **sociedad** es un grupo grande de comunidades. Estados Unidos es un ejemplo de una sociedad.

Se supone que la sociedad debe ayudar a todas las personas a obtener lo que necesitan, pero la sociedad no siempre hace eso.

Nuestra sociedad lastima a las personas con discapacidad y dice que nuestra discapacidad es un problema. Dice que las personas deben tratar de curar su discapacidad o que deben intentar ser menos discapacitadas.

Las personas con discapacidad no son el problema. La sociedad es el problema. La sociedad debería apoyar a las personas con discapacidades, no lastimarnos.

La sociedad no debería tratar de cambiar a las personas discapacitadas. Debemos trabajar para asegurarnos que las personas con discapacidad puedan tener lo que necesitan.

La discapacidad no sería tan difícil si las cosas fueran accesibles. **Accesibilidad** significa que las personas discapacitadas podemos usar con facilidad las cosas o los servicios, podemos movernos fácilmente en un lugar y sentimos que somos bienvenidos en un espacio.

Por ejemplo:

> Charlene es ciega. Ella va a un restaurante, pero el restaurante no tiene un menú en Braille. El restaurante está muy lleno y ella no puede moverse por él fácilmente. El mesero no trata de ayudar a Charlene y las personas alrededor hablan de su discapacidad mientras ella come. Ese restaurante no es accesible para las personas ciegas.
>
> Charlene va a un restaurante distinto. El restaurante tiene bultitos en el suelo que ayudan a Charlene a encontrar un asiento. Tienen un menú en Braille y el mesero le dice que si quiere puede leerle el menú a Charlene. Las personas alrededor conversan amablemente con Charlene y no hacen preguntas groseras sobre su discapacidad. Ese restaurante es accesible para las personas ciegas.

Hay algunas cosas de la discapacidad que pueden ser difíciles. Por ejemplo, el autismo es una discapacidad que puede hacer más difícil que una persona hable o se vista por sí misma.

La accesibilidad no hace que la discapacidad desaparezca, pero ayuda muchísimo.

La discapacidad es parte de la vida y las personas discapacitadas son y serán siempre parte del mundo. Muchas personas discapacitadas siempre necesitarán ayuda para su vida diaria, ¡y eso está bien! La discapacidad nos hace personas diferentes e interesantes. ¡Necesitamos hablar menos sobre cómo arreglar a las personas y más sobre cómo arreglar el mundo!

¿Qué Es el Capacitismo?

Se le llama **discriminación** a tratar mal a las personas por ser lo que son. El **capacitismo** es la discriminación contra las personas discapacitadas. El capacitismo no siempre ocurre a propósito, pero ocurre todo el tiempo.

Algunas personas que no son discapacitadas piensan que está mal ser discapacitado. Ellas no siempre lo dicen con sus palabras, pero lo dicen con sus acciones.

Ellas no aceptan a las personas con discapacidades y no se esfuerzan por hacer las cosas accesibles para todos. Ellos nos mantienen fuera de los colegios, barrios y trabajos donde hay personas que no son discapacitadas. Todas estas cosas son capacitismo.

Las personas autistas experimentan algunas formas de capacitismo.

Acá hay algunas formas de capacitismo que experimentamos:

- Es capacitismo cuando las personas quieren curar el autismo. Esto significa que las personas quieren deshacerse de nosotros. Ellos intentan que dejemos de actuar cómo personas autistas, ¡pero ellos deben aceptarnos tal cómo somos!

- Es capacitismo cuando las personas dicen que no somos autistas. Algunas personas pueden negarse a darnos los apoyos que necesitamos o pueden decir que no somos "lo suficientemente autistas" para necesitar apoyo.

- Es capacitismo ignorar a las personas autistas no-hablantes. Algunas personas pueden decir que en realidad no nos podemos comunicar o pueden quitarnos las cosas que nos ayudan a comunicarnos. Pueden lastimarnos porque saben que no le podemos contar a nadie sobre ello.

El capacitismo significa que las personas no piensan en nuestras necesidades. Y por eso, no nos permiten vivir vidas dignas.

Las personas autistas no somos las únicas que experimentamos el capacitismo. Todas las personas discapacitadas experimentan el capacitismo.

A algunos usuarios de sillas de ruedas les dicen que no son "lo suficientemente discapacitados" para necesitar una silla de ruedas, y a algunas personas Sordas les niegan intérpretes durante las entrevistas de trabajo. Hay personas que tratan de impedir que las personas discapacitadas recibamos la atención médica que necesitamos.

El capacitismo ha existido por mucho tiempo y las personas discapacitadas han sido maltratadas por mucho tiempo. Si has experimentado capacitismo, no estás solo.

Sabemos que no hay nada malo ser discapacitado. Podemos sentirnos orgullosos de ser quienes somos.

Las personas con discapacidades estamos trabajando juntas y le estamos demostrando a los demás que estamos orgullosas. Hemos estado trabajando juntas por muchos años y hemos creado el **movimiento de derechos para las personas discapacitadas**.

El movimiento de derechos para las personas discapacitadas es la forma en que las personas discapacitadas luchan contra el capacitismo. Trabajamos para cambiar la sociedad, para que sea mejor para las personas discapacitadas, y trabajamos por nuestros derechos cómo personas con discapacidades.

Neurodiversidad

La neurodiversidad es la idea de que los humanos tenemos cerebros diferentes. De que cada persona tiene cosas para las que son buenas y cosas para las que necesitan apoyos, y no existe algo cómo "un cerebro normal".

Algunos de nosotros tenemos cerebros que piensan diferente debido a una discapacidad, ¡y esto también está bien!

Las personas son diferentes de muchas formas.

Tenemos diferentes:

- Géneros
- Edades
- Razas
- Culturas
- Cuerpos
- Religiones
- ¡Y más!

¡También tenemos cerebros diferentes!

El Movimiento de la Neurodiversidad

El **movimiento de la neurodiversidad** propone que está bien ser discapacitado y que está bien que tu cerebro sea diferente al de las otras personas. El movimiento de la neurodiversidad es parte del movimiento de derechos para personas discapacitadas.

Propone varias cosas diferentes, por ejemplo:

- Las personas con toda clase de cerebros diferentes deben ser aceptadas en la sociedad.

- Las personas no deben tratar de curar o deshacerse de discapacidades cómo el autismo.

- Se le debe permitir a las personas autistas ser autistas.

- Debemos trabajar para asegurarnos de que todos tengamos los apoyos que necesitamos.

El movimiento de la neurodiversidad no es solo para las personas autistas:

- Es para las personas con discapacidades intelectuales, discapacidades de la salud mental y discapacidades del aprendizaje.

- Es para las personas que hablan y para las personas que no lo hacen.

- Es para las personas que solo necesitan pocos apoyos y para las personas que necesitan muchos apoyos, todo el tiempo.

El movimiento de la neurodiversidad es para *todos*.

Muchas personas autistas tienen discapacidades intelectuales. Las personas con discapacidades intelectuales crearon el movimiento de autodefensa, y el movimiento de la neurodiversidad no existiría sin su ayuda.

Recursos del Capítulo Cinco

Puedes encontrar los enlaces a estos recursos (en inglés) en autismacceptance.com/book/chapter-5-resources

- 10 principios de la justicia para discapacitados – Sins Invalid

- Animación del modelo social

- El Gulag de la Discapacidad - por Harriet McBryde Johnson

- Es nuestra historia

- El modelo médico frente al modelo social - por Kids as Self Advocates (KASA)

- Judy Heumann lucha por las personas con Discapacidades - Historia de los borrachos

- Paralelismos en el tiempo: una historia de las discapacidades del desarrollo

- La comunidad autista y el Movimiento de la Neurodiversidad - por Steven Kapp

CAPÍTULO SEIS

La Autodefensa y el Movimiento de Autodefensa

Los autistas nos hemos defendido desde siempre, de muchas maneras diferentes.

Esto se llama "autodefensa". La **autodefensa** significa defenderte a ti mismo para conseguir lo que necesitas.

Este capítulo hablará de estos temas:

- Qué es la autodefensa
- Quién puede ser un autodefensor
- Qué es el movimiento de autodefensa
- Cómo ser un autodefensor

¿Qué Es la Autodefensa?

Autodefensa significa muchas cosas. Significa defenderte a ti mismo, tomar el control sobre tu propia vida y luchar por tu derecho a vivir de la manera en que tú quieres vivir.

Somos autodefensores de maneras grandes y pequeñas.

Por ejemplo:

Milo es una persona autista estudiante de bachillerato que vive en Estados Unidos. Su colegio tiene reuniones para hablar de las necesidades de Milo. Los profesores y los padres van a estas reuniones y Milo también va. Milo hace oír su voz cuando necesita un nuevo tipo de ayuda, o si no está de acuerdo con sus profesores o sus padres. ¡Esta es una forma de autodefensa!

Sin embargo, la autodefensa no siempre se ve así. No hay una manera "correcta" de ser un autodefensor. Acá hay algunos tipos de autodefensa:

- Decir "¡No!"
- Pedir ayuda
- Decirle a alguien que te deje en paz
- Decidir lo que quieres hacer hoy

- Hablar con otras personas sobre tu discapacidad

La autodefensa puede ser algo que haces solo, o con otras personas discapacitadas.

La autodefensa no siempre es hablar por ti mismo. También puede significar hablar por los derechos de toda tu comunidad. Algunas personas de los movimientos de autodefensa que hacen esto se consideran activistas. No es necesario ser un activista para ser un autodefensor. Hay muchas formas de autodefensa.

El **movimiento de autodefensa** es la forma en la que hacemos oír nuestra voz, juntos.

El movimiento de autodefensa es parte del movimiento de derechos para las personas discapacitadas, un movimiento en el que las personas con discapacidad intelectual y del desarrollo luchamos por nuestros derechos.

El Movimiento de Autodefensa

En la década de 1960 en Suecia, personas con discapacidades intelectuales se reunieron. Ellos formaron sus propias asociaciones, y conversaron sobre cómo querían ser tratados.

¡La idea llegó a otros países! Las personas discapacitadas se reunieron, y dijeron a los demás lo que querían y necesitaban. Ellos querían tener un hogar dentro de la comunidad, y querían ir a estudiar y trabajar junto a los demás.

El movimiento de autodefensa creció y creció. Las personas discapacitadas empezaron a dirigir sus propios grupos de discapacidad.

Cerramos muchas instituciones, escribimos libros sobre ser discapacitados e hicimos leyes para ayudar a las personas discapacitadas a vivir vidas más dignas. ¡Cambiamos el mundo!

Aún tenemos un largo camino por delante, ya que las personas discapacitadas todavía son tratadas injustamente:

- No siempre podemos elegir dónde vivir o la ayuda que podemos necesitar.

- No siempre tenemos derecho a votar.

- Probablemente no podemos elegir cómo gastar nuestro dinero o tener control de nuestros cuidados.

Pero seguimos luchando por nuestros derechos.

El lema del movimiento de autodefensa es "¡Nada sobre nosotros sin nosotros!". Muchas personas hablan sobre nosotros sin dejarnos hablar. Tenemos derecho a ser parte de la conversación, y a estar a cargo de nuestras vidas, siempre.

¿Quién Puede Ser un Autodefensor?

¡Cualquiera puede ser un autodefensor! Si eres autista, ya eres un autodefensor.

No necesitas cambiar las leyes para ser autodefensor. Puedes empezar poco a poco. Puedes comenzar alzando la voz para defenderte a ti y a tus derechos, y hablar sobre las cosas que son importantes para ti. Eso es autodefensa.

Nadie está demasiado discapacitado para ser un autodefensor. Para ser un autodefensor solamente necesitas dos cosas: Necesitas saber lo que quieres, y necesitas una manera de mostrarle a las personas lo que quieres. ¡Eso es todo!

Por ejemplo:

> Juanita no habla ni escribe, y necesita un ayudante. Si a ella le gusta algo, le dice a su ayudante haciendo ruidos con su boca. Si no le gusta algo, ella muerde sus manos. Las personas alrededor de Juanita le prestan atención sobre lo que le gusta y sobre lo que no le gusta. Si a ella no le gusta un ayudante, su familia lo despide. Juanita es una autodefensora.

¿Cómo Puedo Ser un Autodefensor?

Todo lo que necesitas para practicar la autodefensa es a ti mismo. Nadie puede decirte cómo hacerlo, y no necesitas empezar en un momento específico. ¡Todo depende de ti!

Puedes no estar seguro de por dónde empezar. Acá tienes algunas formas en las que tú puedes hacer autodefensa:

Decir "¡No!"

Puedes decirle a otros lo que está bien para ti y lo que no. Puedes decir "No" cuando alguien hace algo que no está bien para ti, o usar otras maneras para comunicar que algo no está bien.

Por ejemplo, si alguien trata de tocarte, puedes decir "No me toques" o decir "¡No!". También puedes simplemente alejarte de esa persona.

A veces, algo puede estar bien para ti un día y no estar bien para ti otro día. Está bien cambiar de opinión y decir "¡No!" aun si dijiste "Sí" antes. La forma en la que te sientes es importante, y las otras personas deben respetar tus sentimientos.

Habla con otras personas sobre ti.

Puedes contarles a otros sobre tu discapacidad, sobre las cosas para las que eres bueno, y las cosas para las que necesitas ayuda.

Tus deseos y necesidades son importantes. Está bien querer probar un nuevo pasatiempo, acostarte más tarde o estudiar en un lugar más silencioso. Puedes necesitar ayuda en distintos momentos de tu vida, para conseguir un trabajo o recibir servicios médicos. Otras personas pueden ayudarte a cumplir tus metas, y entre más sepan sobre ti, más te pueden apoyar.

Obtener apoyos.

No hay nada de malo en necesitar y pedir ayuda. Tu familia y amigos te pueden ayudar o puedes necesitar a una persona que se dedica a apoyar a las personas discapacitadas con sus dificultades cómo parte de su trabajo.

También puedes conseguir **acomodaciones o ajustes razonables** que te ayuden. Las acomodaciones o ajustes razonables son cambios que se hacen para que las personas discapacitadas no tengan dificultades. Nos ayudan a conseguir las mismas cosas que las personas no-discapacitadas.

Las acomodaciones o ajustes razonables pueden ser usadas en el colegio, en el trabajo o en lugares públicos, cómo los restaurantes.

Las acomodaciones o ajustes razonables pueden ser útiles para todo tipo de cosas. Acá hay algunos ejemplos de acomodaciones en el colegio:

- Tener tiempo extra en un examen

- Tener alguien que tome notas

- Usar CAA en clase

Querer o necesitar acomodaciones o ajustes razonables no está mal, es algo normal. Las personas no discapacitadas tienen sus necesidades cubiertas en la mayor parte de los lugares, pero las personas discapacitadas no. Ese es el motivo por el que las acomodaciones o ajustes razonables existen, así que no tengas miedo de pedirlas.

Usa las cosas que funcionan para ti.

Es normal que las cosas sean difíciles a veces, pero hay maneras de hacerlas más fáciles. Puedes hacer tus propias acomodaciones. Hay muchas herramientas que las personas autistas usan para hacer sus vidas más fáciles, como:

- Imprimir horarios con dibujos para planear tu día.

- Tener una amistad que venga una vez al mes para ayudarte a limpiar.

- Configurar tu teléfono o tu laptop para recordarte las cosas que necesitas hacer.

Es posible que te sientas presionado para comunicarte de cierta manera. Las personas pueden querer que hables más alto o más rápido. Pueden querer que hables cómo a ellos les gusta. Pero tú puedes comunicarte de la manera que funcione mejor para ti. Quizá escribir te parezca más fácil que hablar. Quizá descubras que es más fácil señalar dibujos o dibujar cosas. Tú debes comunicarte de la manera que te funcione a ti. Eso es autodefensa.

Recuerda: la autodefensa es para todos, y tú ya eres un autodefensor. Puedes usar algunas de estas ideas para practicar tu autodefensa. Mientras más practiques, más fácil será.

Aun cuando ya seas un autodefensor, las personas pueden ser groseras, y no escucharte o tratarte mal. Cuando pienses que algo está mal, conocer tus derechos puede ayudarte mucho.

Recursos del Capítulo Seis

Puedes encontrar enlaces a estos recursos en
autismacceptance.com/book/chapter-6-resources

- Autodefensa en línea

- El significado de la autodefensa - por Mel Baggs

- Estoy decidido: Empoderamiento de la autodeterminación

- De capacitista a autodefensor - por Amy Sequenzia

- Herramientas de autodeterminación

CAPÍTULO SIETE

Conoce tus Derechos

Todo el mundo tiene derechos, ¡Y eso te incluye a ti!

La palabra "derechos" puede significar dos cosas. A veces, los derechos son cosas que te da la ley. A eso lo llamamos derechos legales, y el gobierno tiene que asegurarse de que tengas estos derechos.

El segundo significado de "derechos" es "cosas que deberías tener". Las personas pueden decir que tienes "derecho" a ser feliz, pero no es una obligación del gobierno asegurarse de que seas feliz.

Este capítulo del libro explicará cuáles son los derechos legales que tienes. Hablaremos de las leyes que protegen a las personas con discapacidad.

Este capítulo habla de forma detallada de los derechos en los Estados Unidos de América, pero otros países tienen sus propias leyes de derechos para los discapacitados. Puedes aprender más sobre esto al final de este capítulo.

Derechos Legales de las Personas Discapacitadas en US

Acta de Estadounidenses con Discapacidades (ADA)

El Acta de Estadounidenses con Discapacidades, también llamada **ADA** por sus siglas en inglés: The Americans with Disabilities Act, es una ley que les da a las personas con discapacidades muchos derechos diferentes. Las personas dicen que es la mayor ley de derechos para los discapacitados en Estados Unidos.

El ADA dice que tienes el derecho a acomodaciones. Algunos ejemplos de acomodaciones del ADA son:

- Ponerle subtítulos a los programas de TV

- Menús en Braille

- Llevar a tu perro de servicio al trabajo

- Tener un intérprete en el consultorio médico

El ADA le da a las personas discapacitadas derechos en el trabajo. La ley dice que tu jefe no puede discriminarte por ser una persona discapacitada. Tu jefe no puede despedirte o tratarte de forma diferente porque tienes una discapacidad. Puedes tener acomodaciones en el trabajo gracias al ADA.

El ADA también te da derechos en los lugares que son propiedad del gobierno y los servicios que son dirigidos por el gobierno, tales como:

- Bibliotecas

- La oficina de correos

- La alcaldía o la casa de gobierno

- Los servicios de transporte público, cómo buses, trenes y metros

El ADA dice que tienes derecho a ingresar a cualquier lugar dirigido por el gobierno, y usar cualquier servicio dirigido por el gobierno.

Si un negocio está abierto a todo el público, el ADA dice que tú también tienes derecho a entrar ahí, y a hacer las mismas cosas que todos los demás.

Por ejemplo:

- Si vas a la peluquería, tienes derecho a que te corten el cabello.

- Si vas al cine, tienes derecho a subtítulos.

- Si vas a un almacén, tienes derecho a entrar y comprar cosas.

- Si vas a un restaurante, tienes derecho a pedir comida.

El ADA dice que tienes el derecho a comunicarte de las maneras que funcionen para ti, y a poder entender lo que está pasando. Las llamadas telefónicas, mensajes de texto y videollamadas deben ser accesibles.

El ADA es una ley muy importante que le da a las personas con discapacidad los mismos derechos que tienen las demás personas.

Acta de Educación para Individuos con Discapacidad (IDEA)

El Acta de Educación para Individuos con Discapacidad, también llamada IDEA por sus siglas en inglés: Individuals with Disabilities Education Act, es una ley que le da derechos a los estudiantes con discapacidades. La ley IDEA permite que las escuelas reciban dinero del gobierno.

No todos los estudiantes con una discapacidad tienen derechos gracias al IDEA. Los alumnos autistas sí tienen derechos gracias al IDEA, pero para eso, necesitas tener un diagnóstico.

El IDEA dice que tienes derecho a:

- Recibir un diagnóstico para tu discapacidad

- Ir al colegio

- Ir al colegio gratuitamente, cómo todos los demás

- Aprender cosas en el colegio

- Aprender las mismas cosas que todos los demás

- Estar en el mismo salón de clases que los estudiantes no discapacitados

- Recibir los apoyos que necesitas para aprender

El IDEA dice que tienes derecho a recibir los apoyos que necesites para aprender en el colegio. Los colegios necesitan hacer un plan para cada estudiante con una discapacidad, llamado IEP. IEP significa **Plan Educativo Individualizado**, por sus siglas en inglés.

El IEP debe decir:

- Qué es lo que sabes hacer en este momento

- Qué necesitas aprender

- Cuáles son tus metas en la escuela para el próximo año

- Cómo sabrá la escuela si estás aprendiendo

- Los servicios que la escuela te dará

- Las acomodaciones que la escuela debe hacer para ti

Algunos estudiantes no llevan clases con todos los demás, o no dan los mismos exámenes que todos los demás. Si la escuela toma esas decisiones, el IEP debe explicar por qué.

Cuando cumples 16 años, también tendrás un **plan de transición**. Este te ayudará a saber qué harás luego de la secundaria. Tienes derecho a un plan de transición hasta que termines el colegio.

Recuerda que las escuelas tienen la obligación de ayudar a los alumnos y a los padres a entender la reunión y su Plan Educativo Personalizado.

Para eso tienes derecho a pedir un traductor para todas las reuniones de la IEP, pero debes avisarle a la escuela que lo necesitarás, antes de la reunión.

También puedes pedir que te traduzcan los papeles antes de la reunión.

Algunos papeles que necesitas para la reunión podrían ser

- Exámenes
- Informes
- Expedientes escolares

El Acta de Rehabilitación y los Derechos de la Sección 504

Hay una ley llamada Acta de Rehabilitación. Generalmente, en inglés, la llaman "**Rehab Act**" para acortarlo. El "Rehab Act" hace las reglas para los programas que paga el gobierno. La **Sección 504** es la parte del "Rehab Act" que habla sobre los derechos para discapacitados.

El "Rehab Act" dice que el gobierno no puede discriminar a las personas con discapacidad. Si el gobierno paga por una cosa o un servicio, estos deben ser accesibles para las personas con discapacidades. Por ejemplo:

- Las páginas web del gobierno deben ser accesibles.

- Los edificios del gobierno deben ser accesibles.

- El gobierno no puede discriminar a las personas con discapacidad al dar un empleo.

Los lugares que reciben dinero del gobierno tampoco pueden discriminar. Por ejemplo, si el gobierno contrata a un negocio, ese negocio no puede discriminar.

El gobierno le da dinero a algunos colegios, lo que significa que esos colegios también deben seguir el "Rehab Act". El colegio debe incluir **Planes de la Sección 504** para los alumnos discapacitados, donde se dicen las cosas que ese alumno necesita para poder aprender. Por ejemplo, un alumno puede necesitar:

- Un iPad

- Un tablero de deletreo

- Letras más grandes en su material de estudio

- Lengua de señas

- Una persona de apoyo

Algunos estudiantes reciben planes de la Sección 504, mientras que otros estudiantes reciben IEPs. Eso depende de la escuela y del estudiante.

Acta de Vivienda Digna

El Acta de Vivienda Digna (**Fair Housing Act**) es otra ley de derechos para discapacitados, que se asegura de que las personas con discapacidad tengan derecho a la vivienda. Se le llama FHA por sus siglas en inglés. Acá hay algunos derechos que recibes del FHA:

- Si quieres rentar un departamento, los dueños no te pueden decir que no por tu discapacidad.

- Si quieres comprar una casa, los vendedores no te pueden decir que no por tu discapacidad.

- El dueño debe permitirte poner una rampa en el departamento si la necesitas.

- Si tienes un perro de servicio, el dueño del departamento debe permitirle vivir contigo, aun si los perros no son permitidos por lo general.

El Caso *Olmstead*

Olmstead vs. L.C. fue un caso en la Corte de Justicia acerca de la vida en comunidad. La gente lo llama "Olmstead" para abreviar.

En 1999, dos mujeres llamadas Lois Curtis y Elaine Wilson estaban viviendo en una institución. Ellas querían vivir en comunidad en lugar de hacerlo en una institución. Ellas dijeron que la ADA les daba el derecho a vivir en comunidad y fueron a la Corte Suprema para pelear por sus derechos. **La Corte Suprema** es la que tiene la última palabra cuando se trata de decidir cómo deben funcionar las leyes, y la Corte Suprema decidió que Lois y Elaine tenían razón.

Olmstead significa que tienes derecho a vivir en tu comunidad. Si el gobierno dice que solo puedes recibir servicios si vives en una institución, están equivocados. Tú puedes recibir servicios en tu propia comunidad.

Pero *Olmstead* es un caso en la Corte, no una ley. Esto significa que debes ir a la Corte para recibir tus derechos por *Olmstead*. Hay muchas personas que aún están luchando por sus derechos por *Olmstead*.

Toma de Decisiones con Apoyo

La mayor parte de los adultos toman sus propias decisiones legales, pero algunas personas con discapacidad tienen tutores. Un tutor puede tomar decisiones legales por una persona con discapacidades. Un juez elige quién será el tutor para una persona discapacitada. Y esos tutores pueden tomar decisiones a un si esas decisiones no le gustan a la persona discapacitada. ¡Eso está mal!

Hay algo que las personas con discapacidad pueden hacer en lugar de tener un tutor, se le llama **Toma de decisiones con apoyo**. La toma de decisiones con apoyo significa que recibes apoyo para tomar tus propias decisiones, pero aun así la persona que toma las decisiones eres tú. Tú puedes elegir a las personas de soporte que te ayudarán a decidir. Las personas de soporte no toman decisiones por ti. Tú sigues tomando tus propias decisiones.

Si tienes un tutor, tú puedes pedir el cambio para tener acceso a la toma de decisiones con apoyo en su lugar. Las leyes sobre la toma de decisiones con apoyo son distintas en cada estado. Tu **Agencia de Protección y Defensa** (P&A por sus siglas en inglés: Protection & Advocacy Agencies) puede ayudarte a aprender más sobre eso. Los P&As ayudan a las personas con discapacidades a luchar por nuestros derechos, y también se aseguran de que los estados respeten las leyes de discapacidad. Hay un P&A en cada estado.

Derechos Legales de las Personas Discapacitadas en Otros Países

Cada país tiene sus propias leyes. Si vives fuera de Estados Unidos, necesitas informarte sobre las leyes de tu país y averiguar cuáles son tus derechos legales.

Algunos países tienen sus propias leyes sobre derechos de los discapacitados y muchos de ellos han firmado la Convención Internacional Sobre los Derechos de las Personas con Discapacidad

La Convención Internacional Sobre los Derechos de las Personas con Discapacidad (CDPCD)

Algunos países han firmado la Convención Internacional de las Naciones Unidas sobre los Derechos de las Personas con Discapacidad. Se trata de un acuerdo que los países firman. Si un país lo firma, significa que debe conceder derechos legales a las personas con discapacidad.

Puedes averiguar si tu país lo ha firmado aquí. Estados Unidos no lo ha firmado, pero muchos otros países sí.

La CDPCD dice que la discriminación de las personas con discapacidad no es correcta. Dice que los países deben trabajar para acabar con la discriminación en su país.

La CDPCD dice que tienes derecho a **acomodaciones o ajustes razonables**, es decir a que las instituciones y las personas hagan cambios para atender a tus necesidades, algunos ejemplos de ajustes razonables son:

- Proporcionar una sala silenciosa para que las personas con hipersensibilidad auditiva puedan descansar bien.

- Darle tiempo adicional a los estudiantes que se demoran en responder a las preguntas de un examen.

- Convertir los textos escritos a grabaciones de audio.

- Permitirle a las personas dar respuestas escritas en lugar de orales.

También dice que tienes derecho a la accesibilidad, a la educación, a vivir de forma autónoma, a formar una familia, a tomar tus propias decisiones, al trabajo, a la salud, a la participación y a votar, entre otras muchas cosas.

A continuación hay recursos que hablan de las leyes de otros países.

Recursos del Capítulo Siete

Puedes encontrar los enlaces a estos recursos en:
autismacceptance.com/book/chapter-7-resources

- La Ley de Estadounidenses con Discapacidades de 1990 - Hoja de ruta para el autismo

- Red de Acomodaciones en el Trabajo

- Red de escuelas inclusivas

- Ley de educación especial y defensa de Wrightslaw

- Autoevaluación Olmstead

- Cómo hacer un acuerdo de apoyo a la toma de decisiones - ACLU

- Red nacional de derechos para las personas discapacitadas

- Información sobre la ADA

- Alianza Internacional de la Discapacidad

- Derechos internacionales de los discapacitados - Fondo de Educación y Defensa de los Derechos de los Discapacitados

CAPÍTULO OCHO

Encontrar y Crear Comunidad Autista

Los doctores dicen que una de cada 59 personas es autista, pero los doctores aún no son muy buenos en el tema del diagnóstico. Muchas personas no tienen acceso a su diagnóstico, ¡Es posible que el número de personas autistas sea más que 1 de cada 59 personas! Hay millones de personas autistas en todo el mundo, y tenemos muchas maneras de encontrarnos unos a otros.

¿Qué son las comunidades autistas?

Algunas personas piensan que las personas autistas no pueden tener una comunidad. Dicen que las personas autistas somos solitarias o que no podemos tener amigos. ¡Estas personas están equivocadas! Las personas autistas forman comunidades, y la comunidad autista es muy importante.

Comunidades autistas puede significar muchas cosas diferentes. Puede significar:

- Personas autistas pasando el rato juntas
- Personas autistas ayudándose unas a otras a resolver problemas
- Personas autistas hablando con otras en línea
- Personas autistas luchando por nuestros derechos

Las comunidades autistas no tienen que tratar solo sobre el autismo. Las comunidades autistas pueden ser, simplemente, personas autistas pasando el rato juntas. Podemos hablar sobre lo que nos gusta, jugar videojuegos juntos, o hacer otras cosas que disfrutamos.

Las comunidades autistas nos ayudan a sentirnos bien siendo tal cómo somos. Es importante tener una oportunidad de ser tú mismo, y cuando todo el mundo es autista en un grupo, puede ser más fácil ser autista.

Es importante pasar tiempo con personas que te aceptan. Las comunidades autistas pueden ayudarnos a aceptar a otras personas autistas, y eso hace más fácil aceptarnos a nosotros mismos tal cómo somos.

La comunidad autista crea orgullo autista. ¡Merecemos sentirnos orgullosos de lo que somos!

La Historia de La Comunidad Autista

Siempre ha habido personas autistas, desde que existe el ser humano. Siempre nos hemos encontrado unos a otros, y hemos pasado el tiempo juntos. ¡Pero hace 30 años algo nuevo sucedió!

El internet apareció y las personas se conectaron en línea. Esto hizo más fácil que las personas autistas nos encontráramos las unas a las otras. Las personas autistas empezaron a hablar en línea primero, y luego, las personas autistas empezaron a encontrarse en persona.

Después de eso empezamos a formar nuestros propios grupos. Empezamos a hablar sobre ser autistas, y nos enseñamos los unos a los otros sobre el autismo.

Desde entonces, ¡las personas autistas hemos hecho muchas comunidades! Algunas comunidades autistas se reúnen en internet, y otras se reúnen en persona. ¡Hay comunidades autistas en todo el mundo!

Encontrar Comunidades Autistas Cerca de Ti

Hay muchos grupos en los que las personas autistas pasan el rato juntas, y puede que haya uno cerca de ti. ¡Estos pueden ser lugares buenísimos para encontrar a otras personas autistas!

Algunos de estos grupos pueden no ser lo que estás buscando. Algunos están dirigidos por personas no-autistas, y pueden intentar hacer que las personas autistas actúen "normal". Siempre ten cuidado cuando busques grupos. Acá hay algunas maneras de saber si un grupo funcionará para ti:

¿Quién está a cargo?

¿Está el grupo dirigido por personas autistas o por alguien más? ¿Hay personas no discapacitadas que ayudan con el grupo? ¿Ellos le dicen a todos qué hacer? Siempre es mejor cuando las personas autistas deciden lo que hace su grupo.

¿Cuál es el objetivo del grupo?

¿Es para que las personas autistas pasen el rato? ¿Es para hacer defensa de los derechos de los discapacitados? Puedes elegir un grupo que haga las cosas que a ti te interesan.

¿Su objetivo es enseñarnos a actuar de maneras no-autistas? No necesitas tener que actuar cómo si fueras no-autista para encontrarte con otras personas autistas. Si el grupo no es un lugar seguro para ser autista, entonces ese es un gran problema.

¿Quién se puede unir?

¿Es solo para personas autistas? ¿Pueden las personas no-autistas unirse también? Ambas formas de grupo pueden ser buenos, pero algunas personas autistas quieren grupos solo para nosotros. ¡Elige un grupo que funcione para ti!

¿Dónde puedo encontrar comunidades autistas?

Acá hay algunos lugares en los que puedes encontrar comunidades autistas:

- **Grupos de encuentro locales.** Algunos grupos de autistas se encuentran usando una página llamada meetup.com.

  Puedes buscar "grupo de autismo" en esa página web para encontrar grupos cerca de ti.

- **Grupos afiliados de Autistic Self Advocacy Network.** ASAN tiene una lista de grupos con los que trabajamos. Puedes revisar y ver si hay alguno cerca de ti. La lista está en autisticadvocacy.org/affiliates/

- **Grupos de Persona Primero.** La mayoría de los estados tienen grupos de Persona Primero para personas con discapacidades intelectuales y del desarrollo. Los grupos de Persona Primero trabajan en autodefensa y luchan por nuestros derechos. Puedes encontrar una lista de grupos de Persona Primero en peoplefirst.org/usa/

- **Grupos universitarios.** Algunas universidades tienen grupos para personas discapacitadas, mientras que otros tienen algunos que son solo para personas autistas. La mayoría de las universidades tienen una página web para sus grupos. Las personas que no son estudiantes no siempre pueden entrar a esas páginas. Si eres un estudiante, ese es un buen lugar para mirar, pero si no, puedes tratar de llamar o escribir un correo a las universidades y preguntar.

Los grupos pueden hablar algún idioma local distinto al español. Para conocer algunos grupos de habla hispana en línea, consulta la lista de recursos al final del capítulo.

A veces hay **conferencias** para personas autistas. Una conferencia es cuando las personas de distintos lugares se reúnen y hablan de un tema específico, cómo el autismo. Las conferencias suelen ocurrir una vez al año.

La Comunidad Autista en Línea

Hay muchas personas autistas en línea, y muchas personas autistas se comunican entre sí usando las redes sociales.

Las **redes sociales** son sitios web que las personas usan para hablar unas con otras, como:

- Facebook
- Twitter
- Tumblr
- Instagram
- Reddit

Puedes encontrar a otras personas autistas buscando en estas redes. Puedes buscar palabras cómo "autismo" o "neurodiversidad" o "#ActuallyAutistic" (#SoyAutista en español).

A veces, las personas no-autistas usarán esas palabras en línea y dirán cosas malas sobre las personas autistas. Quizás encuentres a estas personas cuando busques en las redes sociales, pero sería mejor ignorarlas. Sigue buscando y encontrarás a las personas que sí son autistas.

Creando Tu Propia Comunidad Autista

Si no puedes encontrar una comunidad autista, ¡puedes crear una propia! La Autistic Self Advocacy Network (ASAN) también tiene herramientas para ayudarte a crear una comunidad. Para encontrar las herramientas, mira al final de este capítulo.

¿Quién Queda Fuera?

Las comunidades autistas a veces dejan a algunas personas fuera. Las personas racializadas pueden quedar fuera. Las mujeres, las personas transgénero y no-binarias pueden quedar fuera. Las personas pobres pueden no tener dinero para asistir. Las personas con otras discapacidades también pueden quedar fuera.

A veces las personas son dejadas fuera a propósito.

Por ejemplo:

> Bob dirige un grupo para personas autistas. Él dice que el grupo es únicamente para personas "de alto funcionamiento", así que las personas con discapacidad intelectual son dejadas fuera. ¡Esto está mal!

Pero los grupos también pueden dejar a la gente fuera por accidente o desconocimiento.

Por ejemplo:

May dirige un grupo para personas autistas. Ella dice que su grupo es para todas las personas autistas, pero en el grupo la mayor parte de personas son universitarias. Ellas hablan usando palabras largas y difíciles y se enojan cuando otras personas del grupo les piden que usen palabras más cortas y fáciles. Las personas autistas con discapacidades intelectuales dejan de ir al grupo. May no quiere que las personas queden fuera, pero su grupo no es accesible para todos los autistas.

Hay problemas en la sociedad que hacen que las personas autistas queden fuera. Estos problemas empezaron antes de que Bob o May crearan sus grupos, pero siguen siendo problemas.

Ser dejado fuera pasa por muchas razones. Acá hay algunas:

1: La sociedad tiene ideas equivocadas sobre quién puede ser autista.

Recuerda, los doctores aún no reconocen a muchas personas autistas, cómo las mujeres y personas racializadas. Estas personas pueden no recibir un diagnóstico de autismo, así que no saben que son autistas. Esto hará que para ellos sea difícil encontrar tu grupo.

La mayor parte de personas autistas en los programas de TV, libros y películas son niños y hombres , aunque la mayoría de las personas autistas no son niños, y son hombres. No hay muchas mujeres autistas en los programas de TV, libros y películas, así que las mujeres autistas no ven ejemplos de personas autistas cómo ellas.

No hay muchas personas autistas racializadas en los programas de TV, libros y películas, así que las personas autistas racializadas no ven ejemplos de personas autistas cómo ellas. Por eso para todas esas personas puede ser más difícil darse cuenta de que son autistas.

Las personas no-autistas también ven películas, la TV y los libros, así que también ven a autistas que son, casi siempre, hombres que no son discriminados por su raza.

Los doctores también ven películas, la televisión y los libros así que pueden pensar que solo las personas que son hombres blancos pueden ser autistas. Y eso puede hacer que ellos no le den un diagnóstico de autismo a las mujeres o a las personas discriminadas por su raza.

Debido a eso, es posible que tu grupo solo tenga hombres autistas blancos, y que las otras personas autistas sientan que no pertenecen al grupo. Los grupos necesitan encontrar la forma de que todos sientan que pertenecen.

2: Algunos grupos dejan fuera a las personas que no tienen un diagnóstico.

No todas las personas autistas tienen un diagnóstico, porque tener un diagnóstico es difícil. También hay personas autistas que no quieren un diagnóstico. Algunos grupos pueden excluir a las personas que no tienen un diagnóstico, así que esa clase de grupos dejan a mucha gente fuera.

3: Algunos grupos no son accesibles.

Necesitas pensar en cómo hacer tu grupo accesible.

Distintas personas autistas tienen distintas necesidades. Por ejemplo:

- Algunas personas autistas la pasan mal cuando hay sonidos fuertes. Si tu grupo tiene a muchas personas hablando a la vez, puede que no sea accesible.

- Algunas personas autistas no-hablantes pueden necesitar más tiempo para escribir sus pensamientos. Si las personas en tu grupo hablan muy rápido, las personas autistas no-hablantes pueden ser dejadas fuera.

- Algunas personas autistas tienen otras discapacidades. Una persona autista puede necesitar usar una silla de ruedas, así que los grupos necesitan reunirse en un edificio accesible con rampas.

- Algunas personas autistas son Sordas, así que los grupos necesitan asegurarse de tener un intérprete de lengua de señas.

Cuando tu grupo no es accesible, las personas son dejadas fuera.

4: Algunas personas autistas creen que son mejores que otras personas autistas.

Hay muchas formas distintas de ser autista, y no hay una que sea mejor que otra.

- Algunas personas autistas hablan, y hay otras que no hablan.

- Algunas personas autistas solo necesitan un poco de apoyo, mientras que otras necesitan apoyo todo el tiempo.

- Algunas personas autistas tienen discapacidades intelectuales, mientras que otras no.

¡Todo eso está bien! Todas esas personas autistas pertenecen a la comunidad autista.

Pero la sociedad nos dice que no está bien necesitar apoyo. La sociedad nos dice que no está bien tener una discapacidad intelectual y que no está bien ser no-hablante.

Algunas personas autistas también creen estas cosas. Piensan que está mal tener discapacidad intelectual, ser no-hablante o necesitar muchos apoyos. Ellos menosprecian a las personas autistas que tienen discapacidades intelectuales, que son no-hablantes o que necesitan muchos apoyos. Ellos pueden tratar mal a estas personas o no dejarlas entrar al grupo.

Algunas personas no dicen estas ideas en voz alta, pero, lo muestran con sus acciones.

Pueden decir que cualquiera puede entrar al grupo, pero luego se enojan cuando alguien necesita más apoyos. Pueden decir que se preocupan por todas las personas autistas, y luego se burlan de las personas que no pueden usar palabras complicadas.

Los grupos de autistas deberían incluir a todas las personas autistas. Todas las personas autistas son importantes, y merecen derechos y respeto.

5: ¡Las personas autistas también pueden discriminar!

Las personas autistas pueden ser de muchos tipos. Algunas personas autistas también son:

- Personas racializadas

- Mujeres

- Trans

- No-binarias

- Gays

- Musulmanas

- Judías

- Muchas otras cosas!

La sociedad discrimina a muchas personas diferentes, y las personas autistas son parte de esa sociedad. Eso significa que las personas autistas también pueden discriminar.

A veces, las personas autistas pueden discriminar a otras personas autistas. Un hombre autista puede discriminar a una mujer autista, o una persona autista blanca puede discriminar a una persona autista racializada.

Por ejemplo:

> Yolanda es una mujer autista racializada. Va a un grupo de autismo y cuenta sobre una vez en la que alguien fue racista con ella. Las otras personas del grupo le dicen que hable de otra cosa. Le dicen que su historia no es importante porque no tiene que ver con el autismo. Hacen que Yolanda se sienta mal por ser una persona racializada, así que ella abandona el grupo y no vuelve.

La discriminación deja a las personas fuera de los grupos. Si tu grupo discrimina, las personas pueden sentir que las dejan fuera y dejar de ir a tu grupo. Si quieres que tu grupo incluya a todos, no discrimines.

¿Qué Puedes Hacer?

Hay muchas maneras en que las personas autistas quedan fuera dela comunidad autista. Puedes estar haciendo alguna de estas cosas, ¡pero no te preocupes! Puedes dejar de hacerlas. Acá hay algunas cosas que puedes tratar de hacer.

1: Pon atención sobre lo que piensas, lo que haces y cómo tratas a las otras personas autistas.

Puede ser que estés haciendo cosas que dejan a las personas fuera. Quizás no quieras hacerlas, y puede ser que no te hayas dado cuenta de que las haces. Esto es normal. Ahora que sabes, puedes dejar de hacerlas

2: Mira a las comunidades autistas a las que perteneces y pregúntate quién falta.

¿Todas las personas que sigues en Twitter son blancas? ¿En tu grupo solo hay hombres? ¿Quién falta? Fíjate quién falta, y piensa ¿por qué y cómo quedaron fuera? Luego, debes tratar de solucionar esos problemas.

3: Aprende sobre las formas que existen para que todos sientan que pertenecen.

Habla con distintos tipos de personas, y aprende sobre lo que les hace sentir que pertenecen a un grupo. Pregúntales dónde puedes aprender más sobre eso. También puedes aprender más en línea.

Hay muchas personas que están tratando de aprender sobre estas cosas, y siempre hay más que aprender. Es importante seguir aprendiendo.

Recursos del Capítulo Ocho

Puedes encontrar los enlaces a estos recursos en
autismacceptance.com/book/chapter-8-resources

- El autismo en la televisión necesita una representación más diversa - por Alaina Leary

- Interseccionalidad 101 - por Teaching Tolerance

- Cómo hacer que tus eventos de justicia social sean accesibles para la comunidad de discapacitados: Una lista de chequeo - por s.e. Smith

  - (traducido al español en https://www.facebook.com/micerebroatipico/posts/971785999934872)

Ser un Aliado

Un aliado es alguien que no es autista pero apoya a las personas autistas. Ellos escuchan a las personas autistas y nos ayudan a conseguir lo que necesitamos.

Este capítulo tratará sobre lo básico de ser un aliado. Este capítulo es para las personas no-autistas que quieren ser aliados. Tú puedes ser un familiar, una amistad, o solo alguien que está interesado.

Las personas autistas también pueden estar interesadas en este capítulo. Cada persona autista tiene distintas necesidades, y todos podemos aprender cómo ser mejores aliados los unos de los otros.

Lo Básico de Ser un Aliado

Las personas pueden tener cerebros diferentes. Algunas personas son autistas, mientras que otras personas tienen otras discapacidades que hacen que su cerebro sea diferente.

Eso está bien. Ningún cerebro es mejor que el otro, sea el que sea.

El autismo es una discapacidad, y la discapacidad es una parte normal del ser humano. Puedes aprender más sobre la discapacidad en el Capítulo 5. Ese capítulo te ayudará a entender la discapacidad y a ser un mejor aliado de las personas autistas.

Las personas autistas forman parte del movimiento de derechos para personas discapacitadas. Tenemos derecho a ser nosotros mismos y a estar en el mismo mundo que los demás. Ser un aliado significa ayudarnos a luchar por nuestros derechos.

Aquí tienes algunas cosas que todo el mundo puede hacer para ser un aliado de las personas autistas:

Aprende Sobre Autismo de las Personas Autistas.

Las personas autistas saben más sobre autismo, porque sabemos lo que es ser autista. Las personas no-autistas nunca sabrán lo que es ser autista, así que deben aprender sobre autismo hablando con nosotros. Cuando tengas preguntas sobre autismo, pregúntale primero a las personas autistas.

Acá hay algunos lugares donde las personas autistas hablan sobre autismo:

- The Autistic Self Advocacy Network

- The Autistic Women and Nonbinary Network

- The Thinking Person's Guide to Autism

- En redes sociales: #AskingAutistics (#AustistasResponden en español). Las personas añaden #AskingAutistics o #AutistasResponden a sus publicaciones para preguntarle cosas a las personas autistas.

Respeta Nuestra Privacidad.

Las personas autistas tenemos derecho a la privacidad:

- Tenemos derecho a escoger lo que las personas pueden o no saber sobre nosotros.

- Tenemos derecho a tener el control de las imágenes y los videos de nosotros que son compartidos.

- Tenemos derecho a tener el control sobre las historias que las personas cuentan sobre nosotros.

- Tenemos derecho a decidir qué cosas de nosotros se pueden compartir y qué cosas de nosotros son privadas.

Muchos padres toman fotos de sus hijos. Esto puede ser algo bueno, pero algunos padres toman fotos de sus hijos haciendo cosas privadas. Ellos pueden tomar fotos de sus hijos en el baño o teniendo un colapso. Luego, comparten las fotos en internet. Las personas autistas merecemos privacidad, incluso cuando somos niños. Y necesitamos aún más privacidad si estamos pasando por un momento difícil.

A veces, las personas autistas compartirán algunas cosas sobre autismo, y puede ser que compartamos cosas de nuestra vida privada para ayudarlos a entender. Eso no significa que queramos compartir esas cosas todo el tiempo, o compartirlas con todo el mundo. No repitas las cosas privadas que una persona autista te comparte, y pídenos permiso si quieres compartir nuestras historias con alguien más.

Las personas autistas también tenemos derecho a no compartir cosas privadas si no queremos hacerlo. Las personas autistas hablamos de autismo todo el tiempo y algunas personas nos preguntan sobre nuestras cosas privadas. Tenemos derecho a no responder esas preguntas, y tenemos derecho a hablar de autismo aunque no respondamos esas preguntas. No estamos obligados a compartir información sobre cuándo logramos ir al baño solos, cuándo nos diagnosticaron, o si nos lastimamos a nosotros mismos o no.

Las personas autistas que son cercanas a ti pueden decirte cosas privadas. Esta es una parte normal de ser familia o ser amigos. No deberías compartir con otras personas esas cosas que te decimos en privado.

Las reglas son las mismas que cuando una persona no autista te dice un secreto.

Respeta Nuestros Cuerpos

Las personas autistas tenemos el derecho a controlar nuestros propios cuerpos.

Muchas veces, las personas no respetan este derecho. Ellos nos tocan sin preguntar, tratan de cambiar la forma en que nos movemos, o le hacen a nuestro cuerpo cosas que no nos gustan.

Una parte importante de ser un aliado es respetar nuestros derechos, y esto significa asegurarte de que estemos a cargo de nuestros cuerpos.

Una manera de respetar nuestros cuerpos es permitirnos estimear. Si no sabes lo que es el stimming, ve al Capítulo tres.

Todas las personas estimean, pero cuando las personas autistas estimeamos, algunas personas tratan de detenernos. Eso está mal, el stimming es una parte importante de nuestras vidas, y los aliados deben asegurarse que podamos seguir estimeando.

Respeta Nuestra Comunicación.

Todo el mundo se comunica de formas diferentes, y los aliados nos ayudan a encontrar nuestra forma de comunicarnos.

Algunas personas autistas hablan, otras no. Algunas personas autistas hablan de una manera diferente a la de las personas no-autistas. Algunas personas autistas usan CAA. Si no sabes lo que es CAA, ve al Capítulo tres.

Algunas personas usan CAA todo el tiempo, mientras que otras usan CAA en ciertas ocasiones y el habla en otras.

Algunas personas repiten cosas que han escuchado antes, o hablan por tiempos muy largos. Algunas personas usan palabras que no parecen tener sentido, o muestran lo que piensan a través de su forma de actuar.

Sin importar cómo nos comunicamos, todos tenemos algo que decir.

Ser un aliado significa escucharnos, y tomarte en serio lo que decimos. También significa asegurarte de que las otras personas nos escuchen.

Cree En Nosotros

Las personas autistas aprendemos, pensamos, sentimos, y crecemos, igual que todas las demás personas. A veces, los demás se olvidan de que somos personas. Esto le pasa mucho a las personas no-hablantes y a las personas con discapacidades intelectuales. Esas personas dicen que no podemos aprender, pensar, sentir o crecer. ¡Eso está mal!

- Un aliado siempre se acuerda de que somos personas.

- Un aliado sabe que tenemos pensamientos, que estamos escuchando y que podemos aprender.

- Un aliado se esfuerza para comunicarse con nosotros.

- Un aliado nos ayuda a encontrar nuevas formas de comunicar lo que pensamos, aprendemos y sentimos.

Creer en nosotros significa asegurarse de que podamos hacer elecciones. Significa darnos muchas oportunidades para hacer distintas cosas. Significa que se nos trata de la misma forma que tratan a otras personas de nuestra edad. Significa dejarnos hacer las cosas de la forma que mejor funcione para nosotros.

Creer en nosotros también significa darnos el apoyo que necesitamos. Todos tenemos cosas con las que necesitamos ayuda. Los aliados son personas que

BIENVENIDOS A LA COMUNIDAD AUTISTA • 137

creen que podemos vivir vidas dignas si tenemos las ayudas adecuadas, y nos ayudan a tener los apoyos que necesitamos para vivir vidas dignas.

Creer en nosotros significa tomarnos en serio cuando pedimos ayuda. A veces, puede parecer que no necesitamos ayuda, pero sí la necesitamos.

Por ejemplo:

Chauncey es autista. Él está en secundaria. Se cae de las escaleras y se lastima la pierna. Va a la enfermería escolar y dice "Me duele la pierna". Chauncey no está frunciendo el ceño o llorando, así que la enfermera le dice a Chauncey, "No me parece que te duela". La enfermera no ayuda a Chauncey, pero luego, sus padres se dan cuenta que Chauncey se rompió la pierna. La enfermera debió haberle creído a Chauncey.

No Asumas Cosas Sobre las Personas Autistas.

Cada día, asumimos cosas sobre otras personas. Miramos cómo las personas actúan, y luego las juzgamos. Por ejemplo:

- Si alguien no hace contacto visual, asumimos que mienten.

- Si alguien tiene el ceño fruncido, asumimos que están preocupadas.

- Si alguien pone su cabeza en la mesa, asumimos que está cansado.

- Si alguien mira para otro lado mientras le hablamos, asumimos que no quieren escuchar.

Pero las personas hacen las mismas cosas por muchas razones distintas.

- Si alguien no hace contacto visual, puede ser que no le gusta el contacto visual, o pueden ser ciegos.

- Si alguien está con el ceño fruncido, puede ser simplemente que así sea su cara, o puede estar feliz, pero no puede sonreír a voluntad.

- Si alguien pone su cabeza en la mesa, pueden estar mareado, o pueden no tener fuerza en los músculos de su cuello.

- Si alguien mira hacia otro lado cuando estamos hablando, puede ser timidez, o puede ser que se concentre mejor si no te está mirando.

Las personas no-autistas asumen cosas sobre nosotros por nuestra forma de actuar, ¡y eso es un gran problema!

Las personas autistas experimentamos el mundo de forma diferente a los demás, y eso significa que podemos actuar de forma diferente a los demás. O puede que hagamos lo mismo que otras personas, pero por razones diferentes.

Todo el mundo tiene razones diferentes para hacer lo que hace, así que no asumas que todos hacen lo mismo por las mismas razones.

Puedes desconfiar injustamente de alguien porque no hace contacto visual. Puedes enojarte injustamente con alguien por fruncir el ceño cuando crees que debería estar contento. Estas cosas les ocurren a las personas autistas todo el tiempo. Y no ocurren porque la gente intente ser mala con nosotros, sino porque la gente asume cosas sobre nosotros.

Un aliado se esfuerza en no asumir cosas. Intenta estar alerta para darte cuenta de que estas asumiendo cosas sobre la gente.

- Si ves a alguien hablando solo, ¿qué piensas?

- Si ves a alguien estimeando, ¿qué piensas?

- Si ves que alguien tiene un colapso, ¿qué piensas?

Sólo hay una manera de saber por qué alguien actúa cómo lo hace, y es preguntándole. Pregúntanos si no estás seguro de por qué hacemos ciertas cosas.

Si Vas a Hablar de Autismo, Hazlo Respetuosamente.

La manera en que hablamos del autismo importa, y las palabras que se usan influyen en la manera en que los demás nos tratan. Un aliado se cuida de hablar sobre el autismo de forma respetuosa. Le pone atención a sus palabras.

Hablar sobre el autismo de forma respetuosa no solo se trata de usar las palabras correctas, también es muy importante decir o no decir ciertas palabras.

Hay algunas ideas que nos ayudan y otras ideas que nos lastiman. Acá hay algunos consejos sobre cómo hablar de autismo respetuosamente:

1. Pregúntales a las personas autistas cómo queremos que hables de nosotros. Pregúntanos si queremos ser llamados "autistas" o "personas con autismo".

2. No uses dibujos de rompecabezas para hablar de autismo. Algunas personas dicen que el autismo es un gran misterio, y ven a las personas cómo rompecabezas que deben ser resueltos. Por eso, empezaron a usar rompecabezas para referirse al autismo.

   Alguien hizo un estudio sobre el autismo y los rompecabezas. Le hablaron a un grupo de personas sobre el autismo, y luego les mostraron rompecabezas para hablarles del autismo. Luego les preguntaron a las personas lo que creían sobre el autismo, y descubrieron que los rompecabezas les hacían pensar que el autismo era algo malo. A las personas autistas no nos gusta cuando se usan las piezas de rompecabezas para hablar de autismo porque somos personas, no rompecabezas.

3. A veces, las personas dirán que alguien es de "bajo funcionamiento", "alto funcionamiento", que tiene "autismo severo" o "autismo leve". Estas palabras no son útiles y no deberías hacer esto. Hablamos más de por qué no usar esos conceptos en el Capítulo Uno. Simplemente di lo que quieres decir. Si quieres decir que una persona es no-hablante, di eso. Si te refieres a que una persona tiene una discapacidad intelectual, di eso. Si te refieres a que una persona tiene ciertas necesidades de apoyo, di eso.

4. Nunca digas que una persona es "retrasada". Esta palabra se usa para lastimar a las personas con discapacidades intelectuales, y nunca deberías decirle esta palabra a nadie.

5. Algunas personas dicen que "todo el mundo es un poco autista" porque algunas cosas que las personas autistas hacemos son cosas que todo el mundo hace. Por ejemplo, todo el mundo estimea, pero el stimming es más importante para las personas autistas. Decir que "todo el mundo es un poco autista" puede lastimarnos

porque las personas lo usan para decir que el autismo no es una verdadera discapacidad. Eso significa que las personas pueden negarnos los apoyos que necesitamos. Está bien hablar de cosas que todo el mundo hace, pero no digas que "todo el mundo es un poco autista".

Un aliado se asegura de que sus palabras no hagan que el autismo parezca algo malo o algo triste, y sus palabras no hacen que las personas autistas parezcan rotas o den miedo. Ya hay un montón de personas que piensan eso sobre el autismo, y es la labor de un aliado cambiar la forma en la que el mundo piensa sobre las personas autistas y el autismo.

Un aliado siempre recuerda que las personas autistas podemos escuchar lo que dice. Cuando dices cosas malas sobre el autismo, eso nos lastima. Un aliado siempre habla del autismo cómo si tuviera a una persona autista parada justo detrás de él.

Asociarse con Personas Autistas.

Las personas autistas trabajan en cualquier área que te puedas imaginar. Somos científicos, investigadores, escritores, artistas y bailarines. A donde vayas, hay personas autistas, y no importa el trabajo que hagas, hay personas autistas que también hacen ese trabajo.

Acuérdate del lema "¡Nada sobre nosotros, sin nosotros!". Si un aliado trabaja en proyectos sobre el autismo, debe asegurarse de que trabajen con personas autistas en esos proyectos. Las personas autistas deben ser siempre parte de los proyectos sobre autismo. No importa qué tipo de proyecto sea, ya que las personas autistas siempre tendrán ideas importantes que añadir.

No es suficiente con tenernos ahí sentados mientras tú haces tu proyecto. Necesitas escucharnos, asegurarte de que entendamos lo que estás haciendo, y darnos tiempo para que compartamos nuestros pensamientos. Necesitas tomarte seriamente lo que pensamos, y cambiar las partes de tu proyecto que pueden lastimarnos.

Un aliado trabaja con las personas autistas en cada paso del proyecto. Un aliado pide a las personas autistas que le ayuden a planear el proyecto y nos da oportunidades para compartir ideas a medida que avanza el proyecto.

No esperes hasta que el proyecto esté terminado para preguntarnos lo que pensamos. Si esperas hasta el final, podría ser muy tarde para cambiar cualquier cosa, así que en realidad no estarías escuchándonos.

Acá hay un ejemplo de un buen proyecto:

Camila está escribiendo un libro. Su libro tiene a una persona autista en él. Camila habla a las personas autistas sobre su libro, y les permite a las personas autistas leer el libro antes que nadie más. Las personas autistas le dicen qué partes de su libro hacen que el autismo se vea cómo algo malo. Camila cambia esas partes del libro, y les paga a las personas autistas por ayudarle.

Acá hay un ejemplo de un mal proyecto:

Mario es autista y es un autodefensor reconocido en su ciudad. Isaac no es autista, y está planeando una conferencia sobre autismo. Reúne a un grupo de personas para que le ayuden a planear la conferencia, pero todas las personas son no-autistas, excepto Mario. Mario trata de asegurarse que la conferencia sea buena para las personas autistas, pero Isaac no escucha a Mario.

La conferencia termina siendo mala para las personas autistas, pero Isaac piensa que la conferencia estuvo bien. Cuando algunas personas autistas trataron de decirle a Isaac que estuvo mal, Isaac dice, "Mario ayudó a planear la conferencia. ¡No es mi culpa que no te gustara!"

Aprende de tus Errores.

Todo el mundo comete errores. cómo un aliado, cometerás errores y puedes lastimar a las personas autistas por accidente. Tu defensa de los autistas puede no estar funcionando.

A veces, las personas autistas te dirán los errores que cometiste, o puedes darte cuenta por ti mismo.

Cometer errores es una parte importante de ser un aliado. Es importante saber cuándo cometiste un error para poder hacerlo mejor. Puedes buscar formas para arreglar tus errores, y seguir siendo un buen aliado.

Algunos errores serán fáciles de arreglar. Por ejemplo, si usas una palabra que nos lastima, es fácil dejar de usar esa palabra. Algunos errores son más difíciles de arreglar. Por ejemplo:

Puedes tener un trabajo que lastima a las personas autistas. Puede que tu trabajo se trate de hacer que parezcamos menos autistas, lo que hace más difícil ser nosotros mismos. Puedes tratar de cambiar de trabajo.

Ser un aliado a veces significa hacer cosas difíciles. Las personas autistas entienden eso, ya que tenemos que hacer cosas difíciles todo el tiempo. Es difícil vivir en una sociedad que nos lastima, así que es importante que los aliados trabajen en cambiar eso.

Una Nota Para las Familias.

Las familias pueden ser fuertes aliados para sus familiares autistas. Hace muchos años, los padres de chicos autistas empezaron a reunirse. Trabajaron para cerrar instituciones, y lucharon para que sus hijos tuvieran apoyos en su comunidad. Los padres todavía están luchando por los derechos de sus hijos. ¡También puedes ser parte de esa lucha!

Las familias pueden marcar una gran diferencia para los miembros que son autistas. Puedes apoyar a tu familiar autista para que tenga una vida digna, y puedes ayudarnos a luchar por nuestros derechos. Puedes asegurarte de que tu familia es un espacio seguro para todos nosotros, y ayudar a otras familias a convertirse en aliadas.

Hay algo de información y herramientas para ti al final de este capítulo.

Recursos del Capítulo Nueve

Puedes encontrar los enlaces a estos recursos en
autismacceptance.com/book/chapter-9-resources

- No sufran por nosotros - por Jim Sinclair
- Lista para revisar los privilegios neurotípicos - by Bev Harp
- Autistikids
- In the Loop About Neurodiversity
- Learn From Autistics
- Thinking Person's Guide to Autism
- Think Inclusive
- Parenting Autistic Children with Love & Acceptance

Palabras que Necesitas Saber

Accesibilidad

Cuando las personas discapacitadas podemos usar fácilmente una cosa o un servicio, cuando podemos movernos fácilmente en un lugar y cuando sentimos que somos bienvenidos en un espacio

Acomodaciones o Ajustes Razonables

Cambios que se hacen para que las personas discapacitadas no tengan dificultades. Nos ayudan a conseguir las mismas cosas que las personas no-discapacitadas

Acta de Educación para Individuos con Discapacidad (IDEA)

Llamada IDEA por sus siglas en inglés: Individuals with Disabilities Education Act es una ley que les da derechos a los estudiantes discapacitados

Acta de Estadounidenses con Discapacidades (ADA)

Llamada ADA por sus siglas en inglés: Americans with Disabilities Act, es una ley que les da muchos derechos diferentes a las personas discapacitadas. La gente dice que es la ley de derechos para las personas discapacitadas más importante de Estados Unidos de América.

Acta de Rehabilitación (Rehab Act)

Una ley que dice las normas para los programas para personas discapacitadas que son pagados por el gobierno.

Acta de Vivienda Digna (Fair Housing Act)

Una ley que asegura que las personas con discapacidad tengan derecho a la vivienda.

Agencia de Protección y Defensa

Los equipos de cada estado que ayudan a las personas con discapacidad, luchan por nuestros derechos y se aseguran de que los estados cumplan con las leyes sobre discapacidad.

Aliados

Personas no-autistas que quieren ayudar a los autistas. Todo tipo de personas pueden ser aliadas.

Autodefensa

Defenderte para conseguir lo que necesitas.

Autodiagnóstico

Cuando te descubres que eres autista por tu cuenta.

Capacitismo

Discriminación contra las personas discapacitadas.

Cisgénero

Cuando tu género es el mismo que la gente pensaba cuando naciste.

Comunicación

La forma cómo les mostramos a otros lo que queremos y lo que necesitamos. ¡Todas las personas se comunican!

Comunicación aumentativa y alternativa (CAA)

Usar cualquier forma de comunicación que no sea hablar con la boca.

Comunicación no-verbal

Formas de comunicación que no usan palabras. El contacto visual y el lenguaje corporal son ejemplos de comunicación no-verbal.

Conferencias

Cuando se reúnen personas de diferentes lugares para hablar de un tema específico, cómo el autismo.

Corte Suprema

El tribunal estadounidense que tiene la última palabra sobre las leyes.

Derechos legales

Derechos que la ley te da.

Diagnóstico

Cuando un doctor te dice que eres autista y lo pone en un documento.

Discapacidad del desarrollo

Una forma de discapacidad que comienza cuando alguien es muy joven o desde que nace. El autismo es una discapacidad del desarrollo. También lo es la parálisis cerebral.

Discapacidades intelectuales

Discapacidades que influyen en la forma en la que una persona piensa y aprende. Las personas con discapacidad intelectual pueden aprender de forma más lenta.

Discriminación

Tratar mal a las personas por ser lo que son.

Ecolalia

Repetir cosas que has escuchado antes, cómo una frase de un programa de televisión.

Empatía

Preocuparse por lo que sienten las otras personas.

Estimear (Stimming/Stims)

Moverse de la misma manera una y otra vez. Todas las personas tienen stims, pero los autistas estimeamos más que los demás.

Etiquetas de funcionalidad

Palabras que intentan mostrar diferentes "tipos" de autismo. "Alto funcionamiento" y "Bajo funcionamiento" son ejemplos de etiquetas de funcionalidad.

Funciones ejecutivas

El conjunto de habilidades que se necesitan para alcanzar nuestras metas. Seguir un plan es un ejemplo de funciones ejecutivas.

Habilidades motoras

La capacidad que tienen las personas de controlar los movimientos de sus cuerpos.

Habilidades motoras finas

La capacidad que tienen las personas de controlar los movimientos pequeños de su cuerpo, cómo escribir o atarse los zapatos.

Habilidades motoras gruesas

La capacidad que tienen las personas de controlar los movimientos grandes de sus cuerpos, cómo correr o nadar.

Intereses especiales

Cosas que le interesan mucho y muy fuerte a una persona autista.

Lenguaje de identidad-primero

Cuando pones la palabra "persona" y la discapacidad juntas, sin artículos cómo "con". O cuando usas la discapacidad sin necesidad de poner la palabra "persona". "Persona autista" y "autista" son ejemplos de lenguaje de identidad-primero. También lo son "personas discapacitadas" y "discapacitados"

Lenguaje de persona-primero

Cuando primero pones la palabra "persona" y luego la discapacidad separadas, por el artículo "con". "Persona con autismo" es un ejemplo de lenguaje de persona-primero. "Personas con discapacidad" también lo es.

Meltdown

Cuando una persona autista no puede controlar sus sentimientos, porque ésta muy estresada. Las personas que sufren meltdowns pueden gritar o llorar, salir corriendo, o perder el control de su cuerpo.

Movimiento de autodefensa

Cuando las personas con discapacidad intelectual o del desarrollo peleamos por nuestros derechos. Es parte del movimiento de derechos para personas discapacitadas

Movimiento de derechos para personas discapacitadas

Cuando las personas discapacitadas luchamos contra el capacitismo. Trabajamos para que la sociedad sea mejor para las personas discapacitadas.

Movimiento de la neurodiversidad

Forma parte del movimiento de derechos para personas discapacitadas. Dice que las personas con toda clase de cerebros diferentes deben ser aceptadas en la sociedad.

Necesidades de apoyo

Las cosas en las que las personas autistas necesitamos que alguien o algo nos ayude.

Neurodiversidad

La idea de que los humanos tenemos diferentes tipos de cerebros, y que no existe un cerebro más valioso que otro.

No-hablante

La persona que no puede decir las palabras con su boca.

Olmstead

Un caso judicial sobre personas discapacitadas en instituciones. Dice que las personas discapacitadas tienen derecho a vivir en su comunidad.

Personas racializadas

Se refiere a todas las personas que son discriminadas por su raza.

La raza es una construcción social. Esto significa que las diferentes sociedades tienen diferentes definiciones para la raza. Lo que llamamos raza se ve afectado por la cultura, el color de la piel, la etnia, por la historia de opresión colonial pasada y actual, entre muchas otras cosas.

Hay muchos tipos de personas racializadas, algunos ejemplos de personas racializadas son:

- Las personas negras.

- Las personas asiáticas.

- Las personas latinas.

- Los pueblos indígenas de todo el continente americano

- Las minorías étnicas de todo el mundo.

Cómo son muchos grupos diferentes, se llaman a sí mismos de maneras diferentes

Personas no-binarias

Cuando alguien no es ni hombre ni mujer.

Plan de transición

Un plan personal para cada estudiante discapacitado que le ayuda a decidir qué será en el futuro.

Plan Educativo Individualizado (IEP por sus siglas en inglés: Individualized Education Plan)

Un plan que las escuelas deben elaborar para cada alumno discapacitado. El plan ayuda a establecer objetivos para los alumnos discapacitados.

Planes de la Sección 504

Un plan que dice lo que una persona discapacitada necesita para poder aprender.

Preparar guiones o scripting

Cuando una persona planea lo que va a decir mucho tiempo antes de decirlo.

Presión de grupo

Cundo las personas a tu alrededor te dicen que hagas algo para aceptarte o para no rechazarte. Puede ser que hagas lo que te dicen aunque no quieras hacerlo.

Procesamiento

La forma en la que piensa y reacciona tu cerebro ante las cosas.

Procesamiento sensorial

La forma en la que sientes y reaccionas a las cosas que percibes con tus sentidos.

Redes sociales

Páginas web donde las personas pueden comunicarse unas con otras.

Sección 504

La parte del Acta de Rehabilitación que habla de los derechos de las personas discapacitadas.

Shutdown

Cuando una persona se estresa demasiado y no puede hacer muchas cosas que en otros momentos si podría. Puede que no sea capaz de moverse o de hablar.

Sobrecarga sensorial.

Cuando sentimos demasiado una cosa, o sentimos demasiadas cosas a la vez, haciendo que nos sintamos molestos o angustiados.

Socialización

Es cuando nos relacionamos con otras personas y la manera en que lo hacemos.

Sociedad

Un grupo grande comunidades. Una sociedad suele tener reglas y personas a cargo.

Toma de decisiones con apoyo

Cuando una persona discapacitada consigue apoyo para tomar sus propias decisiones. Las personas pueden pedir apoyo para tomar decisiones en lugar de tener un tutor.

Transgénero

Cuando tu género no es el mismo que la gente pensaba cuando naciste.

Tutor

Alguien que puede tomar decisiones legales por una persona con discapacidad.

Vacunas

Inyecciones que te ayudan a no enfermar. cómo la vacuna de la gripe, que te protege de enfermarte de la gripe.

www.ingramcontent.com/pod-product-compliance
Lightning Source LLC
Chambersburg PA
CBHW052133270326
41930CB00012B/2870